ひかりをかかげて

永井　隆

原爆の荒野から世界に「平和を」

片山はるひ

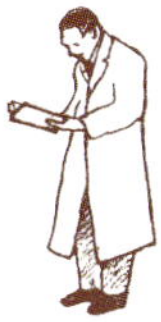

日本キリスト教団出版局

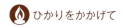

ほんとうに平和をもたらすのは
ややこしい会議や思想ではなく、
ごく単純な愛の力によるのだ。

永井 隆

ひかりをかかげて

永井隆

目次

装丁・デザイン　岩崎邦好

読者のみなさんへ

私が永井《ながい》隆《たかし》という人を知ったのは、息子の誠一《まこと》さんにお会いしたのがきっかけでした。誠一さんが、私の勤めている大学の卒業生だったので、講演会に来てくださったのです。誠一さんは、物静かな、お父さんに面差《おもざ》しがよく似た方でした。名前はどこかで聞いたことがあっても、お父さんの隆さんがどういう方だったのか、私は全く知りませんでした。それで、お会いする前にちょこっと勉強しておこうかと、永井隆の著作『長崎《ながさき》の鐘《かね》』を手に取ったのです。最初のページをめくると最後まで夢中で読んでしまいました。時々、涙《なみだ》でページが見えなくなりました。読み終わって、こんなすごい日本人のことを知らなかったとは！　と本当に恥《は》ずかしかったのを覚えています。

それ以来、私は永井隆という人物に魅《み》せられて、ほとんどの著作を読破し、彼《かれ》の生涯《しょうがい》について人に何度も語ってきました。彼のことを知らなかった自分を棚《たな》にあげて、なんでこんなすばらしい人が今の日本ではあまり知られていないのだろう!? と不思議に思っているくらいです。

そんな私にとって、忘れることのできない出来事がありました。

二〇一一年三月十一日にはじまった大地震《じしん》、津波《つなみ》、そして福島の原子力発電所の事故です。

その時、私は仕事でたまたまフランスに滞在《たいざい》していました。

「はるひ、日本がたいへんだ!」と言われ、テレビの前に座ると、そこで見た光景に目を疑いました。大きな黒い波が次々と家や道路をのみこんでゆく映像を、すぐには現実とは思えなかったのです。大地震が起き、津波が東北地方一帯を襲《おそ》ったことを知りました。

次に、福島の原子力発電所が危ない! というニュースが飛びこんできました。

あまりの出来事に、私はしばらくの間ぼう然としていました。刻々と届く福島原発の状況《じょうきょう》は危機的でした。おそらくパニックを避《さ》けるため、日本国内では報道されていなかった事実が、外国では生々しく報道されていたのです。「メルトダウン!」原子炉《げんしろ》の中身が熱で溶《と》け、爆発《ばくはつ》するかもしれないという最悪の事態の迫《せま》っていることがわかりました。日本に住む多くの人々に死の影《かげ》がのしかかった時でした。

どれほどの人々が亡くなり、苦しんでおられるのか？

日本はもうすべてだめになってしまうのか！

何も手につかず、何を見ても涙が出てくるような時、ふと頭に浮《う》かんできたのが、永井隆の姿でした。津波が去ってがれきの荒野《こうや》となった町々、暴走して止まらなくなった原発と、原爆《げんばく》で焼け野原になった長崎が重なって見えてきたのです。

ふるさとを、家族を、家を、仕事を、すべてを失う苦しみ、放射能《ほうしゃのう》という見えない恐怖《きょうふ》との刻々の戦い、平和な生活を一瞬《いっしゅん》のうちになくし、どん底に落ちた人々の絶望……。数限りない人々の言葉にならないほどの悲しみ、苦しみを、永井隆だけはわかってくれると感じたのです。

その時、私は再び隆の本を手に取りました。一つ一つの場面が、言葉が、今までにない力強さで私の心にひびいてきました。それは、真っ暗になった私の心を照らす一筋の光となりました。

人生には、本当に思いがけないことが起こります。

「こんなに苦しいことがあるのに、どうして生きなければいけないのだろう？」

「世界には、どうしてこんなに悲しいことが多いのだろう？」

「どうせ死ぬのに、なぜ生きているのだろう？」

みなさんも、こんなことを考えたことがありますか。


永井隆も、その波瀾万丈《はらんばんじょう》の人生の中で何度も、同じ問いかけをしました。

隆は、ありとあらゆる苦しみにあい、すべてを失ってどん底に落ちてもそこから立ち上がることができました。

何が隆を支えてくれたのか。

どこからそんな力が湧《わ》いたのか。

その秘密をこの本の中で、みなさんといっしょに探してみたいと思います。

第1章　永井隆ってどんな人？

✢ 長崎と永井隆

みなさんは、長崎《ながさき》へ行ったことがありますか？

ハウステンボスやグラバー邸《てい》は有名ですから、聞いたことがあるかもしれませんね。

長崎駅で降りて、タクシー乗り場に行き、「永井隆さんの家をお願いします」と言ってみてください。

どの運転手さんも、「はい、永井さんの家ですね」と言って「如己堂《にょこどう》」と呼ばれる永井隆の家にまちがいなく連れて行ってくれます。その知名度は、ハウステンボスやグラバー邸とまったく同じです。

駅からタクシーで「如己堂」に行くまでに、さまざまな有名な場所が見えてきます。

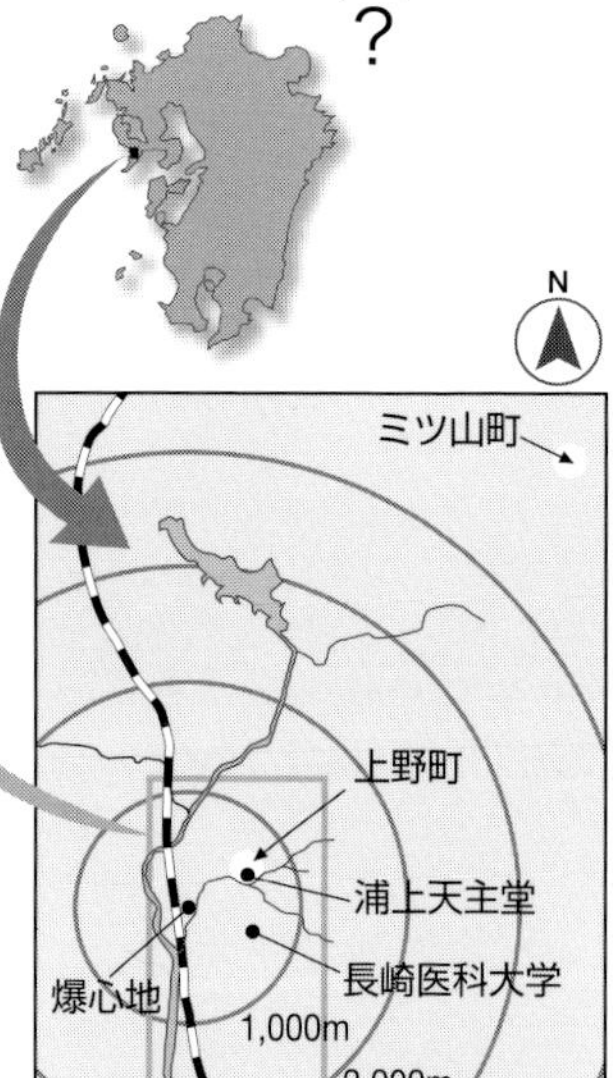

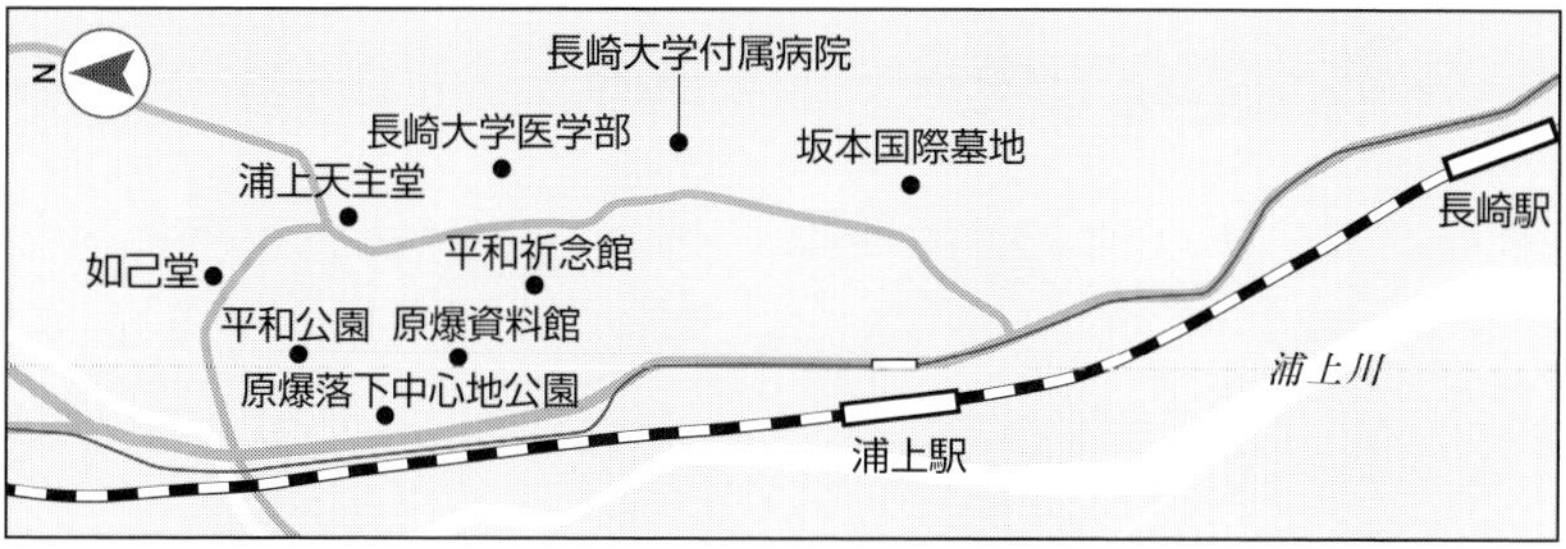

「次に見えるのは、ＪＲの浦上《うらかみ》駅ですよ。もう少し行くと、有名な平和公園ですね」

「平和公園て何ですか？」

「今は、こんなにきれいになってますけどね、第二次世界大戦の終わりに原《げん》爆《ばく》が落とされたのは、ここ浦上だったんですよ。平和公園は、爆心地《ばくしんち》に平和を願って造られた公園です。ほら、この目の前に見えてきたのが、浦上天主堂です。大きいでしょう？　初めての方はみなさんびっくりされますね。天主堂ってのは、教会っていう意味でね、永井さんも通ってたそうですよ。中のステンドグラスもきれいですから、後でぜひ中に入ってみてください。はい、もう如己堂につきましたよ！」

この浦上といわれる一帯が、永井隆の人生の主《おも》な舞台でした。そして、長崎と永井隆の名は、切っても切れない関係にあります。

隆は、長崎医科大学（現・長崎大学医学部）の医者でした。浦上天主堂のすぐそばにある「如己堂」と呼ばれる家に、亡くなるまで住んでいました。一九四五年、この地に原爆が落とされた時、隆は自分も重傷を負いながら、必死の救護活動をします。その功績がたたえられて、一九四九年十二月には、長崎の名誉《めいよ》市民第一号の称号《しょうごう》が贈《おく》られました。ですから、長崎で永井隆のことを知らない人はいないのです。

✛『長崎の鐘』の作者

国民栄誉《えいよ》賞という賞のことは知っていますか。国民に特に愛され、社会に希望を与《あた》えた功績のある人に贈られる賞です。二〇一一年には、女子サッカーワールドカップドイツ大会で見事優勝した「なでしこジャパン」が受賞しています。

この賞がつくられる前の一九五〇年、永井隆は、総理大臣から同様の国家表彰《ひょうしょう》を受けました。国家表彰と言えば、国民全体から栄誉賞を受けたということです。ですから当時、永井隆といえば、長崎だけでなく「ああ、あの永井さんでしょ」と日本中で知らない人はいませんでした。

隆はすでに寝《ね》たきりの重病人でしたが、有名人でした。特に隆を有名にしたのは、一九四八年に出版された『この子を残して』と、一九四九年に出版された『長崎の鐘《かね》』という本です。当時三万部以上売れた本が、年間で二〇冊ほどだったのに、隆の本は、一年間で三〇万部という戦後の大ベストセラーとなりました。

『長崎の鐘』は、なんと隆が生きているうちに映画化もされました。当時一流の映画スターが共演した映画は大ヒットとなります。主役の隆と妻の緑を演じる俳優たちは、役を学ぶために「如己堂」を訪れました。女優さんは、絶世の美女でした！　訪問を受けた隆は、その美しさに見とれつつ、「いやあ、妻がこんなに美しかったら、私はおちおち研究なんかできませんでしたよ！」とはにかんでいたそうです。

『この子を残して』も一九八三年に木下恵介監督《きのしたけいすけかんとく》によって映画化され、最近ＤＶＤにもなりました。現在ハウステンボスがある広大な土地で撮影《さつえい》された原爆投下の迫力《はくりょく》ある映像は、一見の価値があるものです。

✣　ゆかいな人

これだけ聞くと、何かりっぱすぎて、どこか遠いところにいる人のように思われるかもしれませんね。ところが隆の魅力《みりょく》は、決して「聖人君子」ではなかったところにあります。「聖人君子」というと、りっぱだけれどもどこかつんとすました近づきにくい人のようですが、逆に隆は、どんな遠くからでもわざわざ会いに行きたい、話しに行きたいような人でした。

娘《むすめ》の茅乃《かやの》さんは、「お父さんはどんな人だったのですか」という質問に、「父はゆかいな人でした」と答えています。

永井隆と共に長年働いた看護婦長の久松《ひさまつ》シソノさんもこう答えました。「とってもゆかいな方で、飲み会があるとお得意のどじょうすくいを踊《おど》ってみんなを笑わせていましたよ。物まねもお上手で、私たちはよくおなかをかかえて笑いました」。

隆は短歌や俳句をつくり、絵も上手でした。長崎にある「永井隆記念館」には、たくさんの絵が残っています。

その中でいちばん楽しい絵が、これです。これは、隆が娘の茅乃さんに頼《たの》まれてかいた絵です。

でも、よーく見てください。何か足りないものはありませんか？

茅乃さんは、それに気がつきましたが、みなさんはどうでしょう？

隆は、この絵に大切なメッセージをこめました。

それは、彼《かれ》の人生のカギとも言えるメッセージでした。

ぜひ、この本を最後まで読んでみてください。

そうしたら、隆からのメッセージがみなさんにも届くことでしょう。

第2章　島根から長崎へ

誕生

長崎《ながさき》とは切っても切れない名前となり、長崎弁もすっかり板についていた永井隆ですが、生まれは長崎ではありません。

隆は、一九〇八（明治四一）年二月三日、父寛《のぶる》、母ツネの長男として、島根県松江《まつえ》市に誕生しました。寛は、村人のために献身《けんしん》的に働く貧しい医者でした。ツネさんは独学で医学を学び、自分も医者の代わりができるようになっていました。

一九〇八年というと、今から一〇〇年以上前、みなさんのひいお祖父さんの時代ですね。明治時代は、鎖国《さこく》政策で国を閉じていた時代とちがい、外国の新しいものに国が開かれた活気のある時代でした。

隆は、生涯《しょうがい》で二〇回くらい死に損ねたそうです。

最初は、なんと誕生の時です。隆の頭は人一倍大きくて横に長く、かにの甲羅《こうら》のようでした。この大頭がツネさんのおなかの中でひっかかって、外に出てこられなかったのです。お産がはじまった時、お父さんは往診《おうしん》で留守でした。産婦人科のお医者さんは、赤ちゃんが全然出てこないので、このままだとお母さんの命もあぶないと判断しました。せめてお母さんの命を救おうと、赤ちゃんを機械で取りだそうとしたのです。でも自分も医学を学んでいたツネさんは、それが赤ちゃんの命を奪《うば》うことになることを知っていました。それで、苦しい息をしながらも、きっぱりとこう言いました。

「どんなに苦しんでも、生まれるまで待ちます。赤ちゃんを取り出さないでください。それに夫も留守ですから」

「そんなこと言ったって、このままじゃ、あなたも赤《あか》ん坊《ぼう》もいっしょに死んでしまう。あなたの命だけでも助けないと寛さんに申し訳ない！」

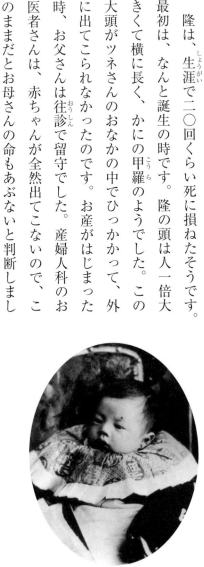

「いいえ、いやです。赤ちゃんは殺さないでください」

ツネさんは、息もたえだえなのに、一歩もひかず、ついにお医者さんは堪忍袋《かんにんぶくろ》の緒《お》が切れて、道具をしまい、看護婦を引き連れ、すたすた帰ってしまったのです。ツネさんは、一人きりで、刻々と押《お》し寄せる、今にも死ぬかと思うような痛みと闘《たたか》いながら、待ちつづけました。そして何時間もたってから、隆はようやく産声《うぶごえ》もあげずに生まれました。何も知らずに帰ってきた寛さんが玄関《げんかん》に入ったとたん、「おぎゃあ！」と一声、弱々しく泣いてお父さんを迎《むか》えたのです。

この気丈《きじょう》なお母さんの愛と忍耐《にんたい》と犠牲《ぎせい》がなければ、隆はこの世に生まれてこられませんでした。

✣「牛」の「隆盛」くん

ツネさんは、明るくほがらかな人でした。でも、しつけは厳しくて、いたずらやあやまちは少しもとがめませんでしたが、わがままと生意気は、決してゆるしませんでした。隆が五歳《さい》の時、生意気なことを言って口答えをした隆をまっ裸《ぱだか》にして抱《だ》きあげ、障子をさっと開けて、二メートルも積もっていた雪の中に放りだしました。雪の冷たさが身にしみて、一生の教訓になったことでしょう。こんなしつけを受けた隆は、いばることなく、人を思いやる男の子に育ってゆきました。

お父さんとお母さんは、「勉強しなさい」と言ったことは、一度もありませんでした。隆は、毎晩、両親がいっしょに楽しそうに医学の勉強をしているのを見て、勉強は楽しいものだと思ったと語っています。

一九一四（大正三）年六歳の時、隆は飯石《いいし》村の小学校に入学します。隆は、級長のような人の上に立つ仕事はきらいで、遊び時間にもどこにいるのかわからないような、目立たない生徒でした。どちらかと言えば、本を読んだり、絵をかいたりすることが好きでした。

隆の家族。左下が隆。その後ろに父・寛と母・ツネ。

運動は大の苦手で、運動会の短距離走は、いつもびりから二番目。腕《うで》の力も弱くて、鉄棒は全然できません。さかあがりもできなくて、鉄棒にだらんと、洗濯物《せんたくもの》のようにぶらさがっているだけでした。

でも、兵隊ごっこなどで遊ぶと、元気で楽しいユーモアのある少年でもありました。体

は大きくて、いじめられても人と争わず、どこかぬぼーっとした骨太のところがありました。それが上野の西郷隆盛《さいごうたかもり》の銅像を思わせるところから、「隆盛」というニックネームがついていました。

一九二〇年十二歳の時に、松江中学校に入学します。当時は成績が良くなければ、中学校にあがれません。隆は、補欠のいちばん最後でようやく中学校に入学します。つまりビリだったのです！　中学校では、「牛」というニックネームをもらいます。のろくて、体が大きかったからです。ただこの「牛」は、だれよりも負けず嫌《ぎら》いで、のっしのっしと努力を続けます。ついに五年生の時には中学校で一番になるのです。隆は、そのこつを息子の誠《まこと》一さんにこう語っています。

「無理をしないで、ゆっくりゆっくり、しかも絶えずたゆまず、やさしいことから始めて、むずかしいことに進むんだ。できないって言っちゃいけないよ。僕《ぼく》もできなかったんだから。それで僕は勉強した。君も若いのだから、勉強しなくちゃだめだよ。モットーは、よく学び、よく遊び、それから、よく眠《ねむ》れ！」

一九二五年十七歳の時、難関を乗りこえて、松江高等学校理科乙類《おつるい》に入学します。そこで彼《かれ》は、隆をりっぱな医者にと望んだツネさんの望みをうけ、医学部に進むことを決心します。

高校をトップで卒業した隆は、東京の大学に行くのだろうと、だれもが思っていました。ところが、隆はなんの縁《えん》もない、できたばかりの長崎医科大学を選んだのです。なぜ長崎を選んだのか、今でもその動機はよくわかっていません。ただ、この時の長崎との出会いがなければ、隆の人生は一八〇度変わっていたことでしょう。人生の不思議ですね。

大学では、運動音痴《おんち》にもかかわらず、当時新しいスポーツとして広まってきたバスケットボール部を友だちと立ち上げます。アルバイトをして、もらったお金でコートを造り、ボールを買って練習しました。速攻法《そっこう》を学んだ隆たちは、しだいに上手になり、背の高かった隆を、他のチームは「医大の壁《かべ》」と呼んでマークするほどでした。

大学でバスケットボールにうちこむ隆。右から２人目。

こうして「牛」の「隆盛」君は、「ゆっくりゆっくり、絶えずたゆまず」歩きつづけ、ついに念願のスポーツマンにもなれたのです！

✣ 唯物論とパンセ

高校時代、隆はすでに「唯物論《ゆいぶつろん》」という思想のとりこになっていました。数学や理科が好きで、大学では実験や解剖《かいぼう》に夢中になった隆は、目に見えるもの、計算したり、実験で確かめられるものがすべてだと思っていたのです。

人間も結局、モノにすぎぬのだ。死ねば灰になって、はい終わり！　人間の霊魂《れいこん》とか、先祖の魂《たましい》だのは、学問のない人間の単なる迷信だ。目に見えないものが存在するわけはない。生きているうちがすべてだ、さあ今のうちに好きなだけ飲め、歌え、踊《おど》れ、遊べ！

大学のとなりには、浦上《うらかみ》天主堂がそびえ立っていました。当時、東洋でいちばん大きな聖堂（教会堂）で、一万人ほどのキリスト教徒が天主堂を中心に浦上一帯に住んでいました。隆は、赤レンガの天主堂を美しいなと思ってながめたり、鐘《かね》の音を神秘的な音だと思ったりはしましたが、教会に通うクリスチャンたちのことは鼻からばかにしていました。「旧式の信《しん》仰《こう》にだまされている、西洋人の奴隷《どれい》の群れだ」と思っていたからです。

そんな大学三年生の時、故郷から一通の電報が届きます。元気だったはずの母が、脳溢《のういっ》血《けつ》で倒《たお》れたというのです。あわてて故郷にかけつけ、母のまくら元に座り、脈をとると、まだ脈がありました。

母ツネさんは、ようやく間に合った隆をじっと見つめ、静かに息を引き取りました。その時の様子を隆はこう語ります。

「私を生み、私を育て、私を愛しつづけた母が、別れにのぞんで無言で私を見つめたその目は、お母さんは死んでも霊魂は隆ちゃんのそばにいついつまでも附《つ》いているよ、とたしかに言った。霊魂を否定していた私がその目を見たとき、何の疑いもなく、母の霊魂はある、その霊魂は肉体を離《はな》れ去るが、永遠に滅《ほろ》びないのだと直感した」

（『ロザリオの鎖』）

このお母さんの最後のまなざしは、「唯物論」にとりつかれていた隆の思想をすっかりひっくり返します。隆にとって、母はこの世でいちばん自分を愛してくれた人でした。その母の愛が、灰とともになくなってしまったとはどうしても思えなかったのです。今までの隆は、目に見えるものしか信じていませんでした。でもこの時、目に見えなくても存在するものはあるのだ、という確信が心に生まれたのです。

気楽に生きているように見えた隆にも、人生への疑問が心の底にひそんでいました。それは、どうせ死んで灰になるのに、人間はなぜ生きているのか、なんのために生きているのかという根本的な疑問でした。「唯物論」を信じていても、肉体だけが人生のすべてなのか、人間は本当に単なるモノなのか、と問いつづけてきた隆に、人間にとって本当に大切なものは、目には見えないものかもしれない、そんな思いが浮《う》かんできたのです。

大学時代も隆のニックネームは「牛」でした。牛小屋の前に立ってモーモー鳴いている牛を見ると、自分のように思えることがありました。人生の目的もわからないで生きているなんて、この牛と同じではないかと。いや、こんなこともわからずにうろうろしている自分より、どっしりとかまえた牛のほうがましに見えます。

パスカル

その答えが知りたくて、隆はパスカルの『パンセ』という本を手に取ります。パスカルはフランスの十七世紀に、数学・物理学そして文学・哲学《てつがく》のすべての分野で活躍《かつやく》した天才科学者です。さまざまな実験や新しい発見をして、社交界でもてはやされた人です。ところが晩年、パスカルは世の中の名誉《めいよ》に背を向け、貧しい人たちの世話をしながら、ひたすらキリスト教の信仰を深めてゆきます。『パンセ』は、そんなパスカルが自分の人生の体験と思想のすべてをこめて書いた本です。今でも多くの人がこの本を読んで、人間について深く学び、人生を生きるための知恵《ちえ》とはげましを受け取っています。

『パンセ』の中でいちばん有名なのは、「人間は、ひとくきの葦《あし》にすぎない。だが、それは考える葦である」という文章です。葦は、すすきのような雑草で、風や雨にあえばすぐにぐんにゃりしてしまう弱い植物です。人間は肉体的な面から見れば、確かに弱い。でも想像し、考え、創造することのできる存在であるという精神の面から見れば、すばらしい。人間が無限の可能性をもつ貴《とうと》い存在であることを、パスカルは見通していたのです。人間は単なるモノだ、ただの「葦」だと思っていた隆は、この本に出会って、自分の考えの浅さに頭をがつんとなぐられたような思いでした。そして、この天才パスカルが、自分がばかにしていた浦上の信者たちと同じキリスト教の信仰をもっていたと知って、心の底から驚《おどろ》いたのです。

✚ 浦上キリシタンと森山家

次第に、隆の中にはキリスト教への関心がめばえていき、ついにはキリスト教を知るために、浦上の熱心なキリスト教徒である森山家に下宿を移すことにしました。森山家は「帳方《ちょうかた》」と呼ばれる代々続いたキリシタン（クリスチャンの昔の呼び方）のリーダーの家系だったので、浦上という土地に根づいたキリスト教にじかに触《ふ》れることになるのです。

フランシスコ・ザビエルによって日本にキリスト教が伝えられたのは、一五四九年のことです。それからしばらくの間、キリスト教は日本でどんどん広がり、いちばん多い時は四、五〇万人の信者がいたといわれています。ところが、江戸《えど》時代になるとキリスト教は禁じられ、信者たちはみな仏教徒になるようにと強制されます。信仰を守ろうとすると、拷問《ごうもん》を受け、さらには死刑《しけい》といった迫害《はくがい》を受けました。

その時代に、宣教師たちはみな追放されたり、殺されたりしました。しかしこの浦上では、二五〇〇年間にわたってひそかに信徒たちが代々キリスト教の信仰を守りつづけたのです。

江戸時代が終わり、明治時代になると、宣教師が再び長崎にもどってきました。ようやく自由にキリスト教を信じることができると、信徒たちは喜び合いました。でも、その自由は錯覚《さっかく》でした。明治時代になっても迫害は続いたのです。今度は、隠《かく》れていたキリシタンまでみな捕まって、村人全員がほかの地方に島流しになってしまったのです。そこでまた厳しい取り調べや拷問を受けました。それに耐《た》えかねて、信仰を捨てる人もいましたが、拷問で命を落とした人、最後まで信仰を守りとおした人も数多くいました。

人々はこの島流しの苦難の時期を「旅」と呼んでいます。「旅」から帰ると浦上は一面、荒《あ》れ野原になっていました。財産もお金もない人たちは、ゼロから村の再建にとりかかります。四〇〇〇人が入れるという浦上天主堂は、この「旅」から帰った村人が、自分たちの手でレンガを積み上げ、二六年もかけて作った血と汗の結晶《けっしょう》だったのです。

森山家の信仰は、こういう苦しみと忍耐の中で守られ、伝えられてきたものであることを隆は知ったのでした。

✢ 放射線医学への道

四年間の大学生活を終え、隆は一九三二（昭和七）年にいよいよ卒業式を迎《むか》えました。もっとも優秀《ゆうしゅう》な学生として、式の中で答辞《とうじ》という名誉あるスピーチをすることになりました。隆は得意になり、胸はふくらみ、何か型破りのすごい答辞を読んでやろうといろいろと案を練ったのです。

卒業式の五日前には、お別れのクラス会があり、たらふく飲んでごちそうを食べ、歌ったり踊ったり。外に出ると、雨が降っていました。春雨じゃ、ぬれて帰ろう！　ぶらぶら散歩しながら浦上へと帰りました。ほてった頰《ほお》に雨のあたるのが気持ちよいくらいでした。

ところが次の日、目を覚ましたらああたいへん！　めまいはするし、頭はがんがん痛み、熱をはかると四〇度ありました。もちろん昨日ぬれたままのシャツで寝てしまったことが原因です。夕方になると耳が激しく痛みだし、ついには耳が聞こえなくなってしまいました。つえにすがってようやく大学病院にたどりつくと、診断《しんだん》の結果は深刻でした。急性中耳炎《ちゅうじえん》、しかも猛烈《もうれつ》な毒性の菌《きん》が耳に入って脳にも炎症《えんしょう》が届きそうだったのです。脳膜炎《のうまくえん》になったら、死ぬか、一生の障がいが残るかでした。幸いに腕のいい恩師の手術で命は助かりましたが、耳が聞こえにくくなってしまいました。

人間の立てた野心や計画や名誉欲が、意外な災難であっけなくつぶされてしまうことを、隆は初めて体験しました。病院のベッドの中では、何か不滅《ふめつ》のもの、永遠のものを目標に選ばねばだめだ、と白い包帯にくるまれた頭で考えていました。

耳が聞こえなければ聴診器《ちょうしんき》が使えませんから、志望していた内科はあきらめなければなりません。そんな時、「放射線科を専攻《せんこう》しないか」という先輩《せんぱい》からの招きがあったのです。

「はい、やりましょう」と隆は大声で答えましたが、実は、隆は放射線（レントゲン）学が大の苦手で、試験は零《れい》点でした。でもいつもながらの負けず魂がむくむくとこみあげ、負けないぞ！　と苦手のレントゲン学を選ぶことになったのです。

当時のレントゲン治療《ちりょう》を中心とした物理的療法《りょうほう》科は、まだ学問としてはじまったばかりでした。独立した科とも認められず、内科や外科に比べて肩身《かたみ》も狭《せま》く、下に見られるような存在でした。危険な放射線から身を守る設備も不完全な上、仕事だけは多かったので、医者のほうが先に放射線にやられて次々と不治の病気で死んでいくようなありさまでした。隆はそこへと進んでいったのです。

第3章 入隊、そして洗礼と結婚

✜ 召集令状

レントゲン治療《ちりょう》と研究を中心に行う物理的療法《りょうほう》科の医師になった隆は、自分の科が、いずれ内科や外科と肩《かた》を並べることができるようにと、必死の努力をはじめます。手書きだった診療《しんりょう》記録をタイプライターで打って美しく整えたり、患者《かんじゃ》さんを待たせることなく治療ができるようにしたりする一方で、研究にも打ちこむのでした。

そのための実験にさしかかっていた一九三三年、赤紙《あかがみ》と呼ばれる召集令状《しょうしゅうれいじょう》が来て、隆は軍医として中国の満州《まんしゅう》（今の中国東北部）に送られることになります。

日本は一九三一年からはじまった中国との戦争のまっただ中で、成人男子の多くが兵士として駆《か》り出されていました。徴兵《ちょうへい》制により、この赤い紙で呼ばれたら、病人でないかぎ

1929	世界恐慌始まる
1931	満州事変。中国との戦争始まる
1932	隆、大学を卒業し、物理的療法科へ
1933	隆、召集令状を受け取る

り、かならず兵士になって戦争に参加しなければなりませんでした。断る自由などはなく、そんなことをすれば「非国民《ひこくみん》」（日本人の恥《はじ》！）と呼ばれて非難され、罰《ばっ》せられます。

「満州に送られると、生きて帰るのは難しい」と言われた時代です。この満州事変と呼ばれる戦争は、中国の東北部、満州にいた日本軍が、鉄道を爆《ばく》破《は》する事件を起こしたことからはじまりました。しかもそれを中国軍の仕業だといいがかりをつけて、強引にはじめたのです。

世界恐慌《きょうこう》と呼ばれる深刻な経済危機に世界はおちいっており、日本もたいへんな不景気でした。この不景気を、満州を植民地にすることで立て直そうというのが日本の軍隊の野望だったのです。日本政府は、戦闘《せんとう》を広げないように努力したにもかかわらず、軍隊はそれを無視して戦争を広げ、満州全体を占領《せんりょう》します。実際のところ、日本の軍隊による中国侵略《しんりゃく》のための戦争でした。

✛ 緑との出会い

隆の出発を知ったバスケット部の友だちが盛大な送別会をしてくれました。送別会が終わると、雪のちらつく中を、歩いて下宿の森山家へ帰りました。その時、ふと隆は一年前の出来事を思い出していました。

ぼたん雪の舞《ま》い散るクリスマス翌日の夜中、森山家の娘《むすめ》である緑が腹痛を起こしたのです。緑は学校で家庭科の先生をして働いていたので、家にいることもなく、隆と口をきいたこともほとんどありませんでした。バレーボールをしていただけあって、背が高く、くりっとした目と白い歯の印象的な女性で、隆とは同い年でした。クリスマスの日にも、盛装はしてもお化粧《けしょう》ひとつしないのが心に残っていました。

その緑が、夕方から腹痛がひどくなり、寝《ね》ていたのです。隆が診察《しんさつ》すると急性の盲腸《もうちょう》炎《えん》でした。夜が明けるまで待てば、腹膜炎《ふくまくえん》になるかもしれません。すぐに大学病院に行って手術することを隆は勧《すす》めますが、森山さんたちは、困りきってしまいました。今とちが

森山家の娘、緑。

って自家用車もなく、簡単にタクシーを呼ぶこともできなかったのです。

ついに隆は、「まごまごしていたら、命にかかわりますよ。ぼくの背中に乗りなさい」と言って、緑を背中にかつぎ、大学病院まで歩いて運んだのです。

一面まっ白な雪におおわれた静かな夜でした。背負った緑の心臓の鼓動《こどう》が速く、隆の背中にもひびいてきます。隆の首筋には、緑の息が温かく伝わってきました。

手術は、すぐに終わりましたが、盲腸は化膿《かのう》してやぶれる寸前でした。


そんな思い出を胸に下宿に帰った出発の前夜、緑は隆に会いに来ました。ていねいに両手をついて、盲腸の時のお礼を言い、お祝いをのべて、「どうか、無事に帰ってきてください」とあいさつしたのです。そしてプレゼントの包みを差し出しました。

「満州は寒いそうですね。これは退院してから私が編み上げたものです。どうぞ心ばかりのお礼にお持ちになってください」

「いいんですよ、そんなこと気にしなくても」

「お粗末《そまつ》なもので、失礼とは思いましたが……」

「何ですか？」

「あの、毛糸のジャケットです」

「そう、それならいただきましょう。向こうではぜひいるでしょうから」

隆が大きな手を差し出すと、ジャケットの下で指と指が触《ふ》れました。その時、隆の胸にはいきなり熱い思いがこみあげたのです。そして緑を抱《だ》き寄せると、そのくちびるへキスを一つ残して、戦地へと旅立ったのでした。

翌日の送別会で酔《よ》っぱらった隆が、プラットホームでお得意のどじょうすくいを踊《おど》り、汽車の発車を遅《おく》らせたことは、その時の長崎《ながさき》市民の語りぐさになったといいます。

✚ 緑からの差し入れ

軍隊に入るとまず、広島の陸軍で新兵《しんぺい》としての訓練を受けます。軍隊の規律は厳しく、自由もプライバシーもまったくなく、入ったばかりの新兵はことごとくいじめられたものでした。隆は、軍隊生活のさまざまなエピソードを『亡《ほろ》びぬものを』という自伝的小説の中で、ユーモラスに語っています。

ある日、呼ばれて隆が事務室に入ると、隊長が一つの小包を隆の前に置きました。

「この森山緑は、おなごのようじゃが、あーん。おまえの何に当たるか？」

「はっ、あの、何にも当たりません」

「何にも当たらぬ者が、ご親切に小包を送ってくれるんか？　あーん。こりゃ、娘か？　ばばあか？」

「はっ、娘であります」

「ふうん。おまえと関係のあるおなごかな？」

「関係と言いましても、別に深い……」

「約束ぐらいはしとるんじゃろ。赤い顔をするから、隊長にはわかる。よしよし。まあ、ここで開けてみろ」

隆は、中から変な物が出てこなきゃいいが、と祈《いの》りながら包みを解きました。出てきたのは、手袋《てぶくろ》と靴下《くつした》と、それから『公教要理《こうきょうようり》』という小さな本でした。本のほうは、調べられましたが、許可されて隆に渡《わた》されました。

『公教要理』とは、キリスト教の教えを簡潔に記した本です。隆はその小さな本を読んで驚《おどろ》きます。

人は何のために生きているのか？　死とは何か？　霊魂《れいこん》とは何か？　罪とは何か？　今まで探してきた疑問に対する答えをそこに見いだすことができたからです。その本を読み進めるうちに、隆は少しずつ自分が変わっていくのを感じていました。長崎では、彼《かれ》のために、毎日必死で祈る緑の姿がありました。

訓練が終わり、軍医となってから、隆はたくさんの病人、けが人の手当てをしました。手も足もなく、ただ胴体《どうたい》に首がついているだけの兵士は、凍傷《とうしょう》で目も見えず、耳も聞こえなくなっていました。よほどの痛みなのか、殺してくれ、殺してくれと泣《な》き叫《さけ》び、何を言っても聞こえない彼の苦しみを、なぐさめることはできません。まさに生き地獄《じごく》でした。

隆は、むごたらしい兵士の手当てをするたびに、何のためにこの兵士たちはこんな苦しみを味わわなければならないのかと、考えずにはいられませんでした。そして、目の前にいる兵士の背後で、何万、何十万という若い兵士たちが、傷つき、障がい者となってゆくありさまに、深く考えこむのでした。これはいったい、何のため、だれのためなのだと。

✣　洗礼と結婚

年が変わり一九三四年、隆は一年二か月の任務を終えて、無事に長崎に帰国しました。たくさんの友人が喜んで出迎《でむか》えてくれ、森山家につくと、昔の下宿部屋に入りました。

そこに緑があいさつにきました。お互《たが》いにてれくささを隠《かく》せません。

隆はしばらくもじもじしていましたが、いきなり着ていた軍服を脱《ぬ》ぎ、その中の緑の作ってくれた毛糸のジャケットも脱いで畳《たたみ》の上に置きました。一年以上もずっと着ていたのです。そして、「おかげで、かぜも引かなかった。ありがとう」とぶっきらぼうに言いました。

緑はじわじわと手を伸《の》ばして、まだ体温で温かいジャケットを取り上げ、にっこりすると、いきなり胸にかたく抱いて立ち上がったのです。「どうするんだ」と隆があわてて呼び止めます。すると「もう私の身代わりはいらないでしょうから」と言って、緑はばたばたと階段を降りていったのです。恋人《こいびと》たちが、言葉で愛を語るのはまれな時代、どんな美しい言葉よりも、しぐさが雄弁《ゆうべん》に愛を語っていました。

下宿でなつかしい鐘《かね》の音を聞きながら、教会の神父を訪れることをついに決心した隆を、齢《とし》をとった守山松三郎《まつざぶろう》神父が温かく迎《むか》えてくれました。そこで隆は、自分の望みを告げました。

「私はキリスト教に改宗して、キリストによって救われたいと望んでいます。しかし、私は大きな罪を数えきれないほど犯している人間です。神父様、こんな罪人は、とても教会には入れないでしょうね？」

「どうして？」と神父はほほえみながら言います。「ねえ、あなたはお医者さんでしょう。あなたに救ってもらおうと思って来る人は、体に申し分のない健康な人ですか？」

「いいえ、病人です」

「そうでしょう。体の病気を治すために医者はいる。それと同じく、魂《たましい》の病気、罪から人間を救うためにキリストがいるのです。イエスはこう言われましたよ。『医者を必要とするのは、丈夫《じょうぶ》な人ではなく病人である。わたしが来たのは、正しい人を招くためではなく、罪人を招くためである』」

その言葉に思わず隆はうなずいていました。隆は、仕事の後で教会に通い、教えを学んで、一九三四年六月にキリスト教の洗礼を受けます。

ついで森山緑に結婚《けっこん》を申しこみ、二人はその年の八月に浦上《うらかみ》カトリック教会で結婚

結婚式の日。

式をあげたのです。二人とも、二十六歳でした。

森山家での新婚《しんこん》生活がはじまりました。緑は働き者です。天気の時は、畑仕事に精を出し、雨の日や夜はお得意の裁縫《さいほう》や編み物をしました。隆の着る物は全部手作りでした。

一方、物理的療法科にもどった隆は、医局長に任命されます。医局員の数も増え、隆は、実験や研究に没頭《ぼっとう》して多くの論文を発表しました。

また、ヴィンセンシオ会という信徒の慈善《じぜん》活動の会に入ります。この会員として、日曜日や祭日にも、病人のいる家庭を訪問したり、離《はな》れ小島に行って医療《いりょう》活動を行い、困っている人々のために尽《つ》くしました。

✣　ぜんそく

充実《じゅうじつ》した生活の中で、一つの事件が起こります。結婚の翌年、一九三五年二月、風邪《かぜ》をひいて喉《のど》が痛かったので、打ってもらった一本の注射に深刻なアレルギー反応を起こしてしまったのです。自宅から呼ばれて緑がかけつけると、隆の顔はまっ赤にはれあがってじゃがいものようになっていました。幸いにも病院だったので、すぐに適切な処置がなされ、隆は一命をとりとめます。ただ、それからは体質が変わり、ぜんそくの発作を起こすようになってしまいます。

ぜんそくは、どこで起こるかわかりません。隆は、酒も飲めなくなり、バスケットもできず、旅行にもうっかり出られなくなりました。こうして生活が変わっていきました。隆は、毎日、いつ死んでもいいように、心の準備をするようになりました。そして、このぜんそくの持病をえたことをしみじみと感謝するようにさえなりました。なぜなら、この持病がない時は、もっとのんきにかまえて、大切な仕事を後回しにしたり、余計なことに時間を使ったりしていたからです。病気によって、隆は自分の生活と人生が、より意味深いものになったと感じたのです。

ある雪の日、寒い日で、隆もぜんそくの発作が起こりそうでした。でもそこにぜんそくの発作が起きて苦しんでいる患者の往診《おうしん》を頼《たの》まれたのです。緑は止めにかかりますが、隆は苦しんでいる患者を思い、往診に行きました。その帰り道、怖《おそ》ろしい発作を起こし、今度は隆のほうが動けなくなってしまった。そこへ、緑が隆を捜《さが》しにきてくれたのです。緑の助けで、また一命をとりとめました。力を使いはたしてぐったりした隆は、今度は緑におんぶされて家に帰ったのでした。

ふたりは、結婚前のあの雪の日の出来事を思い出していました。あの時は、緑が恥《は》ずかしさに耳まで赤くなって隆におんぶされていました。今度は緑が重い隆を背負いながら、雪道をすべらないようにと力んで顔を赤くしていたのでした。

この年に、長男の誠一《まこと》が生まれます。忙しい中でも、幸せな日々でした。

第4章 おかしな戦争

✢ 再び、戦地へ

平和な日々に、また戦争という災難がふりかかってきました。一九三七年の七月、隆にふたたび赤紙《あかがみ》（召集令状《しょうしゅうれいじょう》）が来て、軍医として従軍することになったのです。

満州《まんしゅう》事変の後、満州を支配してきた日本は、さらに中国北部への侵略《しんりゃく》をはかっていました。それに対して、中国の国内では、一致《いっち》して日本の侵略に対して戦おうという機運が高まっていました。一九三七年の七月、北京郊外《ペキンこうがい》の盧溝橋《ろこうきょう》という場所で日本と中国の軍隊が最初に衝突《しょうとつ》します。これが日中戦争と呼ばれる新たな戦争のはじまりでした。

政府は、満州事変の時と同じく、最初は戦争を広げない方針をとります。しかし日本の軍隊はこれを無視して、首都の南京《ナンキン》を占領《せんりょう》し、戦線は中国の北から南へと広がっていった

のです。隆が、衛生隊の医長として送りこまれた地は、万里《ばんり》の長城《ちょうじょう》のふもとの激しい戦闘《せんとう》のただ中でした。

隆の任務は、戦線のすぐうしろの「包帯所《ほうたいじょ》」と呼ばれるテントの中で、次々と運びこまれる負傷者に応急手当をすることでした。自分もいつ砲弾《ほうだん》に当たって倒《たお》れるかわからない、死ととなりあわせの医療《いりょう》活動です。初日に包帯所で診《み》た負傷者は三七〇人。負傷者を乗せてかけこんできた担架《たんか》兵は、「山にはまだどれだけ負傷者がいるかわかりませんっ！」「中隊長戦死！　小隊長重傷！」といった報告をひっきりなしに届けてきました。

八月には隆のいた包帯所は中国軍に包囲されてしまい、司令所との連絡《れんらく》ができなくなってしまいます。そこでくわしい情報を伝えるために、中国軍に囲まれた二〇キロの山道を走っていく危険な役目を隆は引き受けます。つかまれば、命はありません。幸いに、バスケットボールできたえた足は早く、動作はすばしっこかったので、岩陰《いわかげ》にひそんだり、川に流れて死人のまねをしたり、草をかむってのそのそ草原をはったり、一気にびゅうっとかけぬけたりと、苦心さんたん、司令所にたどりつきます。

そこでは、作戦を立てていた隊長たちが、目をぱちぱちさせて喜び、「おお、そうか。情報がとだえて、心配していたところだった。よく来てくれた！　できるだけのことはしよう」と言ってくれたのです。隆はうれしくて飛び上がりそうでした。

それで、「味方が助けにくるぞう！」という声を一刻も早く伝えようと、再び二〇キロの道をひきかえしたのでした。途中《とちゅう》で実際に狙撃《そげき》される危険にあいながらも、隆は無事に任務を果たしたのでした。

✢ とほうもない戦《いくさ》

万里の長城での戦闘がすんだらこの戦争は終わると、兵隊には告げられていました。実際、部隊の装備は長期間の戦闘に耐《た》えられるものではありませんでした。にもかかわらず、戦争は終わるどころか、いつまで続くのかわからない状態でした。隆の部隊も中国の奥《おく》に向かって西へ西へと行軍《こうぐん》させられてゆきました。地図で見ても中国は広いのですが、徒歩で行進する兵士たちにとってこの国は、行けども行けども果てしない国に思われました。心も体も疲《つか》れきり、空腹との戦いが続きます。

隆は、通りすがりの中国人たちの子どもを見ればわが子を、女性を見れば妻を、老人に会えば父を思い出していました。言葉も通じないし、服もちがうけれど、みんな日本人によく似た、人のよさそうな人々です。一人ひとりはみなよさそうな人なのに、民族と民族集団と集団になると、なぜ憎《にく》みあい、ののしりあい、ついには殺しあうのか？　集団と集団が大量に殺しあう戦争が「正義」と呼ばれるのはなぜだろう？「正義の戦争」「平和のための戦争」、そんな言葉は真実だろうか？　隆の心の中に、そんな疑問がどんどんふくらんでゆきました。

兵士たちには十分な食料も与《あた》えられず、「現地で調達せよ」との命令が出ていただけです。つまり自分たちでなんとかしろ、なければその土地の人から略奪《りゃくだつ》せよというのと同じことでした。

おなかのすいた兵士たちが、ある日家の屋根のひさしにハトの巣を見つけます。おお、焼き鳥！　ひとりの兵士がその巣にすばやく手をつっこみます。

「まだいるか？」「うん」

「早く引き出せ！」「うん」

「どうしたんだい、つかめないのか」「いやつかまえてる、親バトだよ。でもだめだ」

「何がだめなんだ！」「うん、ひよこがいるんだよう……」

みんなの心にいっせいに、わが家で父親なしにさみしく今晩も眠《ねむ》っているはずのわが子の寝顔《ねがお》が浮《う》かびます。

「かえしてやれよ。ハトだけでも親子そろって眠らせてやろうよ」

一人ひとりの兵士たちは、心優しいお父さんたちでもありました。

『亡《ほろ》びぬものを』の中で、隆は、このような戦争のエピソードをたくさん語っています。自分で望んだのではなく、戦争に駆《か》り出され戦場で戦った人に、戦争を賛美する人は一人もいませんでした。

私は、映画や小説で、戦争を美しいもののようにえがく人たちを信じることができません。そうやって戦争を賛美する人たちのほとんどは、戦争のつらくみじめな経験がない人たちだからです。または、人に戦争をさせて自分たちはぬくぬくとお金をもうけている人たちだからです。戦争について本当のことが言えるのは、実際に戦場で、敵と顔と顔を合わせて戦った人たち、戦争に苦しんだ人たちだけです。その人たち、隆や緑のようなお父さんやお母さんは、みんな声をそろえて言うのです。「自分の子どもだけは、決して戦場には送りたくない。だから戦争は、決して、決してしてはいけないんだよ」と。

✚ 鐘の音

中国国内を行軍して、ある村を通りかかった時のこと、昼に祈《いの》りの時を告げるなつかし

ロザリオ

い鐘《かね》の音が聞こえるではありませんか。歩き回ると、隆はキリスト教の教会があるのを見つけます。こんな中国の山の中にも教会があるとは！　隆は門をこんこんたたいて「開けてください！」と叫《さけ》びます。すると門の横の小さな窓がひらいて顔をのぞかせたのは、イタリア人の宣教師でした。その顔には、死を覚悟《かくご》した者の落ち着きが読み取れました。彼《かれ》はこの教会の中に一万人以上の人々をかくまっていたのです。中国の人々の命を戦争から守ろうと決心した彼の表情は真剣《しんけん》でした。

隆がポケットからロザリオを取り出すと、宣教師の青い目は輝《かがや》き、顔一面にほほえみがこぼれました。門はすぐひらかれました。すると子どもたちの声と笑いはぴたっとやみ、走って隠《かく》れる子がたくさんいます。神父が大声で何かを叫びますが、壁《かべ》のかげからおどおどした目が冷たく隆に注がれるばかりでした。ところが、隆がロザリオの鎖《くさり》を高く振ってみせると効果はてきめん！　子どもたちは声をあげ、女たちはほほえみました。鬼《おに》のような日本人の中にもクリスチャンがいる、同じ神を信じる者がいる、この事実に彼らは驚《おどろ》き、そして心から喜んだのでした。

ロザリオは、数珠《じゅず》によく似た祈りの道具です。ロザリオの輪には十字架《じゅうじか》がついているので、見ればだれでもクリスチャンであることがわかるのです。隆は戦地でもこのロザリオをいつも手に持って祈っていました。ロザリオとは、「イエスの母マリアを通してささげる祈りの花束」という意味です。イエスの心にもっとも近かったマリアの母の心に信頼《しんらい》して、すべてを神に委ねるというこの祈り方が、隆はとても好きでした。

隆が聖堂に入って祈りをささげていると、子どもや女性や老人も、物めずらしそうに入ってきて、隆の周りにひざまずき、いっしょに祈りをとなえだしたのです。隆の目からおもわず涙《なみだ》がこぼれました。

「世界中の民族は一致《いっち》することができる。こんなわけのわからない戦争を起こし、……知らぬ者同士が憎み合い、殺し合うという愚《おろ》かなことをやめ、愛をもって一致することができる。それは、キリストのふところの中においてできるのだ、そしておそらくは、キリストによらなければ、できないのだ」(『亡びぬものを』)

祈りはすでに隆の生活の一部でした。仕事の合間にもしばしば短い祈りをとなえていま

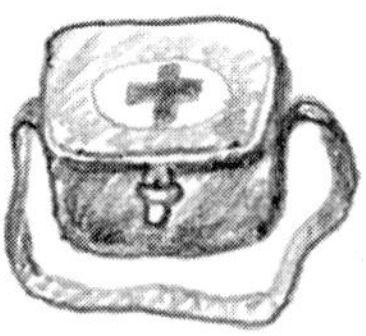

した。ましてや、明日の命のわからない戦場で、隆は祈りによって日々働く力をえていたのです。祈りは神との対話でした。それは、ただ決まった言葉をとなえたり、お願いをするだけではなく、自分の心の思いをそのまま語ることでした。すると心の内に神の愛の言葉が静かにひびいてくるのです。その対話を通して、隆は神の愛をより深く知ってゆきました。こうして隆は、だれ一人として分けへだてせず、愛することを教えて、生き、死んだ、イエス・キリストの心を自分の心としていったのです。

隆の指揮する衛生隊では、傷ついた兵士を敵味方の区別なく治療《ちりょう》しました。それは、万国共通の赤十字の精神からもくるものでした。同じ傷の痛みに耐えていた両軍の兵士たちの心は、言葉は通じなくても通いあいました。一本のたばこを分けてのみ、一つのみかんを半分ずつ食べ、おならが出ると声を合わせて笑いました。

彼らを治療して、いっしょに食べたり笑ったりしながら、隆はまた思いにふけっていました。前線で戦う青年たちは、何の憎しみも感じていないのに、なぜ軍隊や政府は机の上で戦争を考えだしたのだろう。戦争を考えだした高官たちは安全な都にいて、何も知らぬ青年たちに殺しあいをさせているのは、どういうことなのだろうか、と。

✢ 何のための戦争か

国を出て三年、あっちへやられ、こっちへやられ、今度は山東省《シャントン》の奥地に入った隆の衛生隊は、毎日負傷した兵隊を治療するかたわら、そこに住む中国人の診察も引き受けていました。

戦争の犠牲者《ぎせい》は、兵士だけではなく、その土地の人々もまた犠牲者だったからです。軍隊の通ったあとは、三年間草も生えないといわれます。畑には無数の砲弾が落ち、作物を戦車がおしつぶしていきました。手榴弾《しゅりゅうだん》をおもちゃにして手をもがれた子ども、畑にくわを打ちこんだら爆発《ばくはつ》が起こり吹《ふ》き飛ばされた農民、さまざまな人々が隆たちの診療所にかつぎこまれてきました。

血まみれの罪なき人々の姿を見ると、隆の胸には、怒《いか》りがこみ上げてくるのです。この子どもは世界平和のために手を失ったのだろうか？　この農民がおなかに穴をあけられたのは、アジアを解放するためなのだろうか？

こうして隆は、万里の長城からはじめ、華北、華南、山東、広東、広西、ノモンハンなどをまわり、七二回の戦闘に従軍し、多くの兵士の臨終《りんじゅう》に立ち会いました。戦場は、死についで、そして「平和」の大切さについて、隆にもっとも多くを教えてくれた場所でした。

第5章 医学者として

✚ 帰国

一九四〇年二月、帰国せよとの命令を受け、三年間におよぶ中国の戦場での働きを終えて、ついに隆は山口県の下関《しものせき》に上陸しました。出迎《でむか》えた緑の顔はすっかりやつれていました。隆が戦争に行っている間に、父の寛《のぶる》は故郷の島根で亡くなり、長女の郁子《いくこ》は二年前に病死しました。二人の心にさまざまな思いがかけめぐります。

りっぱな勲章《くんしょう》を受けて帰国した隆のために、故郷、松江《まつえ》の人々は喜んで祝賀会を開こうとしましたが、隆はそれを固く断りました。今でも戦場で血と泥《どろ》にまみれている部下や戦友のことを考えれば、祝い酒を飲む気持ちにはとてもなれなかったからです。また、日本国民が、日本軍は勝利に勝利を重ねていると信じていることを知りました。犠牲《ぎせい》を重ねる

ばかりの戦場の真実を、知らされていなかったのです。そして戦争のための軍需《ぐんじゅ》産業で金もうけをしている人々の存在を知れば、新たな憤《いきどお》りがこみ上げてくるのでした。

長崎《ながさき》駅につくと、たくさんの友人が出迎えに来ており、その中に一人の少年がいました。隆はどこかで見た子どもだと思いました。友人が「ほら、誠一《まこと》君、お父さんだよ」と言ったので、おもわず目をみはりました。「これが、誠一《まこと》？　こんなに大きくなって。別れた時はまだよちよち歩きの二歳《さい》だった。今は五つだ」。隆はぐいっと誠一を抱《だ》きしめ、ひょいと持ち上げようとしました。でもその意外な重さにびっくりした時、初めて目から涙《なみだ》がこぼれました。

✣ 科学と信仰

一九四〇年四月、隆はなつかしい長崎医大の物理的療法《りょうほう》科にもどります。そして、物理的療法科の部長に任命されたのです。戦争から大学の教壇《きょうだん》へという激しい変化の中、隆は講義と研究に全力を注ぎます。

翌年には、次女茅乃《かやの》が誕生し、家庭にも新しい喜びが生まれました。

二年後には三女の笹乃《ささの》が生まれますが、すぐに病気になってしまいます。ほかの子どもには、落ち着いて診療《しんりょう》できる医者でしたが、わが子が苦しみあえぐ姿を見ると、隆は聴診《ちょうしん》器《き》も注射器も手につかず、ただおろおろするばかりでした。笹乃は天国へと旅立ち、まだあどけない子どもを失った悲しみはいつまでも隆の心から消えることはありませんでした。妹をかわいがっていた茅乃にもつらい別れでした。

隆は、「レントゲン間接撮影《さつえい》法の共同研究」と「身体組織の微細《びさい》構造」についての研究に取り組み、一九四四年、三十六歳で医学博士の学位を受けます。中でも、「尿石《にょうせき》」という腎臓《じんぞう》や膀胱《ぼうこう》にできる石の研究には二年間を費やしました。尿石を顕微鏡《けんびきょう》で見ると、美しい結晶《けっしょう》が観察され、隆は弟子の学生たちとこんな会話を交わしています。

「尿石の第四十号のラウエ斑点《はんてん》はきれいですね、先生」

「きれいだね。単結晶《たんけっしょう》のかなり大きいのができているんだ」

「あんな美しい結晶配列を見ると、何か神秘的な感じに打たれます。尿石といったら、何の役にも立たない石です。その石の中にさえ、あんな整然とした結晶配列がある。実に宇宙というものは、隅《すみ》から隅まで、こまやかな秩序《ちつじょ》がゆきわたっているものだなあ！」

科学の道を究めれば究めるほど、隆はこの世界が偶然《ぐうぜん》にできたものではないこと、このすばらしい秩序をつくった創造主である神がおられることへの確信を深めてゆきます。

1941 年、物理的療法科の教室で。中央が隆。

「先生は、なぜ科学の道に一生をささげたのですか?」という問いに隆はこう答えています。

「真理にあこがれていたからね。科学は真理に恋《こい》することさ!　それで、科学の道を選んだんだ。でも、進めば進むほど、科学では真理に近づくことはできても、真理そのものをつかまえることはできないことを知ったよ。現代の原子核《げんしかく》物理学者もみな声をそろえてそう言っている。

パスカルもこう言う。『知性の最後の歩みは、知性を超《こ》えるものが無限にあるということを認めることにある。それを知るところまで行かなければ、知性は弱いものでしかない』。

人間が頭で知ることができることは、ちっぽけなもんだ。だから、私にとって科学と神への信仰《しんこう》は矛盾《むじゅん》しない。両方とも、真理に恋する心だよ。二つは一つの方向を指しているけれど、互《たが》いに反するものではないんだ。神は真理だよ。科学の力では、真理をつかまえることはできない。でも、神のみ業《わざ》を見ることはできるよ。全知全能の神がこの宇宙を司っている。その美しい秩序、正しい法則、そんなものを見せてもらうことができるんだ。それだけでも、たいへんな幸福じゃないか」

✚ 結核とレントゲン

結核《けっかく》という病気を防ぐために、今でもＢＣＧワクチンが使われていますが、当時の日本は、人口五〇人に一人が結核といわれるほどでした。戦争による食料不足で栄養状態が悪くなり、抵抗力《ていこう》がなくなった人々は次々と結核に倒《たお》れていったのです。一九四〇年ころから集団検診《けんしん》がはじまりました。レントゲン撮影は、早期の発見を可能にし、結核も勢いを弱めるかのようでした。一方、物理的療法科の仕事は日ごとに忙《いそが》しくなってゆきました。レントゲン検査を受ける人々の数が、一日数百人にのぼったからです。

戦争中は、貴重な物資はみな軍隊がひとりじめし、民間には病院にさえ、必要な物がありませんでした。レントゲン撮影のために必要なフィルムも現像薬もほんの少ししかなかったために、透視《とうし》画像を直接に見て診断しなければなりませんでした。

レントゲン撮影は、エックス線という体をつらぬく放射線をフィルムにあて写真にする方法です。そのフィルムが手に入らないので、直接レントゲンの機械に顔をあてて、患者《かんじゃ》の体を診《み》たのです。これが透視という原始的な方法です。

みなさんも一年に一回はレントゲン撮影をしますね。部屋は厚くて重い金属のドアと壁《かべ》でできているはずです。これは、レントゲンを撮る技師たちが、放射線を浴びないようにするためです。一年に一回だけレントゲン撮影の放射線を浴びることは、健康上何の問題もありません。ただ、それを仕事にしている人には、細心の注意が必要なのです。

エックス線は、目に見えない電磁波《でんじは》です。体に浴びても痛くもかゆくもありません。ただこの放射線は体をつらぬいてゆくときに細胞《さいぼう》を破壊《はかい》し、変性《へんせい》させる作用があります。無数の見えない針がつきささるようなものですが、何も感じないため体の中で起こっていることがわかりません。この見えない針は、少しならば人の病気を治したり、よくしたりすることができる優れものです。それが、ある一定量を超えると健康をむしばみ、さまざまな病気を引き起こし、ついには死に至らせてしまうのです。

隆の時代には、技師の体を守るための近代的な設備も装置もありませんでした。その上、透視という方法では、散乱する放射線を多量に浴びるのです。毎日一〇〇名もの患者たちを何年も見つづけた隆の体には、許容量をはるかに超える放射線が浴びせられていました。

✢ 放射線を浴びつづけ

隆の体はしだいにこの放射線にむしばまれてゆきました。すでに数年前から、慢性《まんせい》の放射線皮膚炎《ひふえん》にかかっていて、手はいつもひりひりと痛み、透視をしたりすると、その後猛《もう》烈《れつ》に痛むのです。その焼けるような痛みをごまかすために隆がしばしば手を振《ふ》るのを、学生たちは不思議に思っていました。五〇人以上の透視をすると体の力は完全になくなり、三階の自分の部屋に帰るのに、看護婦に手を引いてもらわなければならないほどでした。このひどい疲《つか》れに加えて、隆のおなかはまるで赤ちゃんのいるお母さんのように大きくせり出してきました。異常はだれの目にもあきらかだったのです。

久松婦長は勇気をふるって隆に言いました。「先生、さしでがましいようですが、一度ご自分のこともよくお調べになってください」。

隆の健康を心配する婦長さんの必死の思いは通じ、隆は素直に透視室に入ります。「透視準備」とかけ声をかけると、助手は「え、患者さんがおられませんが」ととまどいます。

「患者はここにいる」

「まあ！　それでは、お医者さんは？」

「お医者さんもここにござる」

ふざけてはみたものの、初めて患者になって透視台に立った隆の胸は不安でいっぱいでした。患者になってみれば、こんなに心細いものとは！　隆は今までの患者のあつかいが、ずいぶん荒《あら》っぽかったことをひそかに反省したのでした。

「透視アイン（スイッチ・オン）」と叫《さけ》ぶと蛍光板《けいこうばん》が光りました。その映像を見た隆の口から「ああ」と低いうめき声がもれました。おなかの半分を占めている大きなかたまりは通常の何倍にもふくれあがった脾臓《ひぞう》でした。肝臓《かんぞう》も右上でふくれて、胃や腸がおしあげられていたのです。なるほど、だからこんなに苦しいのだ、と隆は納得しました。

✚　余命三年

その日の午後、隆は内科の先生に診断結果を聞きます。

「慢性骨髄《こつずい》性白血病《はっけつびょう》で、余命《よめい》三年」

当時、白血病は不治の病といわれており、そのことを隆はよく知っていました。白血病とは、血液のガンであり、血液中に白血球が異常に増加する病気です。血液の成分が極端《きょくたん》にアンバランスになることで、倦怠感《けんたい》、出血、高熱、骨や関節の痛み、さらにはさまざまな合併症状《がっぺいしょうじょう》があらわれ死に至るのです。

あと、三年の命！

思いもしなかった宣告に、隆はぐったりとレントゲン機器の前のいすに座りこんでしまいました。今まで読んだ白血病患者の症状や、ノーベル賞を取ったキュリー夫人などの学者たちが同じ病に倒れたことが脳裏《のうり》に浮《う》かびました。みな苦しんで死んでいったのです。そんな苦しみに自分が耐《た》えることができるのか、自信がありません。ただ、その思いはいつしか祈《いの》りに変わっていきました。「元来自分は無力な存在であった。神の力によってのみ、ここまでこられたのだ、これからも神の手の中で使われる道具であればよいのだ」。神に信頼《しんらい》し、未来を委ねることを決意した隆は家路につきました。

自分の決心はできたものの、緑にこのことを話すにあたって、心は千々《ちぢ》に乱れました。「私はこの妻に何を報いたのだろう？　貧しさに甘《あま》んじ、ほがらかに働く妻にすっかり安心をして、自分の研究をしたい放題にやりつづけた私ではなかったか。その研究の度が過ぎて、妻やわが子の将来までもだいなしにしてしまったのではないか？」

夕食の後、隆の告げる診断結果を、緑は幼子たちを抱《だ》きしめて、身じろぎもせずに、じっと聞いていました。しばらくの沈黙《ちんもく》ののち、緑はつと立って家族で毎日祈りをささげていた十字架《じゅうじか》の前に行き、ろうそくに火をともして、祈りはじめたのでした。

隆はその後ろ姿を、なすすべもなく見つめていました。ろうそくのゆらぐ光の中、肩《かた》をふるわせつつ祈る緑の姿が、十字架を担って歩くイエスの姿に重なって見えました。

祈り終わると、緑は隆の前に座ってこう言ってほほえんだのです。

「生きるも死ぬも、神さまのご光栄のためにね」

隆は、妻の強さと信仰に頭が下がるばかりでした。

第6章 原子爆弾

✚ 子どもたちの疎開《そかい》

　隆が中国から帰ってきてから、戦争は激しさを増していました。ヨーロッパとアジアに別れていた戦争が、ヒットラーの率いるドイツとイタリアと日本が三国同盟を結び、連合国と言われるアメリカ、イギリス、オランダなどと対立することによって、第二次世界大戦となっていったからです。一九四一年に日本がハワイの真珠湾《しんじゅわん》を奇襲《きしゅう》して攻撃《こうげき》すると、アメリカなどとの間に太平洋戦争がはじまりました。

　初め、日本軍はフィリピンや太平洋の島々を占領《せんりょう》するなどの勝利を収めていましたが、あまりにも広い範囲《はんい》での戦いに、だんだんと負けるばかりになってゆきます。一九四四年にサイパン島がアメリカに占領されると、日本の全土にアメリカ軍の空襲《くうしゅう》を受けるようになりました。

一九四五年八月、夏の長崎《ながさき》には、B29というアメリカの爆撃機《ばくげきき》がひんぱんに訪れ爆撃をするようになっていました。警察が、「老人、子どもや病人に疎開《そかい》をさせよ」と言ってきたので、隆は誠一《まこと》と茅乃《かやの》を緑のお母さんにあずけて三ツ山の家に送りました。自宅のある上野町から北へ六キロ、三ツ山には隆が知り合いから借りた家があるのです。

緑は、病気の隆を支えて、心こまやかに働きつづけました。明るくしっかりした緑を見て、さすがにキリスト教の教えのしみこんだ人はちがうと隆は感心し、自分が死んでも妻がりっぱに子どもたちを育ててくれるだろうと安心していました。

八月六日、広島に新型爆弾《ばくだん》が落ちたけれど、被害《ひがい》はほんの少しだから安心するようにという発表がありました。

八日の朝、緑と隆は、いっしょに朝ごはんを食べ、緑はにこにこしながら大学へ行く隆を門まで見送りました。でも途中《とちゅう》でお弁当を忘れてきたことに気づき、隆は家に引き返します。いつもは忘れ物をしても家に帰ったりはしないのに、その時に限って、お弁当がすごく大切に思えたのです。玄関《げんかん》に入って、隆は驚《おどろ》きました。緑が肩《かた》をふるわせて泣きくずれていたのでした。隆はそっとお弁当を取って家を出ました。緑がほほえみの後ろに隠《かく》していた苦しみを初めて目にした日であり、それが緑との最後の別れでした。

✣ 長崎医科大学で

明くる九日の朝はすばらしいお天気でした。長崎の緑の山々には、夾竹桃《きょうちくとう》やさるすべりの花が美しく咲《さ》き乱れていました。朝の空襲の警報も終わり、人々はほっとしてお昼のしたくを始めました。

隆は大学の二階の研究室でレントゲンフィルムの整理をしていました。ふと目を窓の外に向けると美しい港町の屋根が見え、稲佐《いなさ》山の夏木立の緑が目にしみるようでした。静かだなあ、どこに戦争があるんだ、と思ったその時でした。

ピカッと青白い光がひらめきました。

爆弾だ！　と地に伏《ふ》せようとすると、窓から音もなく目に見えない大きな力が入ってきて、体をふわりと宙に吹《ふ》きとばしました。その風にのって粉々になった窓ガラスの破片が飛んできます。身をかわすことはできず、チャッ、チャッ、チャッと右半分の至る所を切られてしまいました。

目に見えないげんこつが部屋中を暴れ回ります。ベッドも、いすも戸棚もなにもかもが

一面の荒野となった浦上天主堂付近。

たたき壊され、投げとばされ、がらがらと音を立てて、床に転がされた隆の上に積みかさなってきました。どうにか、ここから抜《ぬ》けださねばと思っても、そのうちすうっと暗くなって両目ともすっかり見えなくなってしまったのです。

ようやく、意識を取りもどして隆ががれきの下からはいだすと、そこに生き残っていたわずかな看護婦や医学生たちが駆《か》けつけ「よかった！　よかった！」と隆に抱《だ》きつきました。

景色は一変していました。窓の下にあった町が一瞬《いっしゅん》でなくなってしまっていたのです。一面緑だった稲佐山は赤茶けた岩山になっていました。病院の玄関口にいた大勢の人たちは、みな裸《はだか》のまま息絶えていました。たくさんの黒焦《くろこ》げになった体がありました。悪い夢を見ているようでしたが、地獄《じごく》のようなありさまは現実でした。

次第に、「助けてくださーい」「苦しいよう」「だれか来て」「暑いよう、焼けるよう、水かけて」「お母さーん」。助けを求める叫《さけ》び声がほうぼうから聞こえてきました。

隆はすぐに「ほかの者を探して救い出せ」との命令を出し、すぐに応急手当をはじめました。しかしあまりに多い負傷者に、三角巾《さんかくきん》も包帯もまもなく使いはたし、今度はシャツを切りさいて傷に巻いてゆきました。隆自身、こめかみの動脈をすっぱり切られる重傷を負い、そこからは血が噴《ふ》き出して周りを赤く染めてしまいました。隆はこの動脈は小さいから、あと三時間は体がもつだろうと計算しながら、自分の脈をはかりつつ、患者《かんじゃ》の手当てをしてゆきました。

✣戦場となった浦上

そこはまるでかつて中国で見た戦場のようでした。そのうち、病院の窓から火が噴き出しはじめます。あまりの様子にどうしたらよいのか、だれもわからなくなったその時、みんなの中心にいた隆は、にやりと笑います。あんまり突然笑ったので、みんなぷっと吹《ふ》き出しました。「わっはっはっ」一同が声を立てて笑ったのです。

「お互《たが》いのざまを見ろ。それじゃ戦場へ出られんぞ、さあ、きちんと身支度をして玄関前へ集まろう。お弁当を忘れるな。腹が減っては戦《いくさ》はできぬぞ」。戦場を生きぬいてきた隆の落ち着いた様子がみんなに勇気を与《あた》えたのでした。

「あわてるな」と一人ひとりに声をかけ、地下の手術室と衛生材料置き場に入った隆は、深いため息をつきました。積み上げた担架《たんか》や注射器、薬や医療《いりょう》機器はすべて破壊《はかい》され使い物にならなくなっていたのです。二〇人ほどの医員たちは、ほとんど素手で患者や負傷者の群れに向き合うことになったのでした。

まず、火のまわってくる病室から、患者を助け出さねばなりません。煙《けむり》の中に飛びこんで小さな看護婦が大きな学生を背負ってきます。隆も患者を抱いて運びました。中年の女性を運ぶと、女性は、みるみる青ざめて息を引き取りました。隆は緑を思いぶるっと震《ふる》えましたが、手を休めることはできません。

患者や負傷者を一人ひとり、病院の裏の丘《おか》に運びあげていると、後ろから婦長さんの叫び声が聞こえました。「先生、研究室が燃えています！」隆が十数年かかって集めたすべての資料、写真も標本もノートも燃えていました。心血を注いだ長年の研究の成果がただの灰になっていく。隆は全身の力が抜けてゆくのを感じ、「もうだめだ」と畑にへたばってしまいました。

そのころ、隆は緑の死を直感していました。あれから五時間。家から大学までは一キロ。緑がもし生きていたら、はってでも、かならず隆を訪ねてきたはずだからです。

動脈から出血が続いていた隆はついに倒《たお》れますが、周りの先生と看護婦が、草むらの中で必死の応急手術を行い、出血だけは止めることができたのでした。

✢「ファットマン」

午前十一時二分、一発の原子爆弾が投下されたのは、浦上《うらかみ》天主堂のすぐ目の前の松山町でした。実はこの爆弾は最初、福岡県北九州市の小倉《こくら》に落とされるはずだったのです。しかしその日小倉の上空は雲におおわれていて、爆弾投下ができず、第二目標の長崎に向かったのです。長崎は、造船所や兵器工場などが集まっており、さらに今まであまり空襲の被害を受けていなかったので、爆弾の威力《いりょく》を調べるには都合がよかったのです。つまり一種の実験の目的もありました。長崎に落とされた「ファットマン」と呼ばれる爆弾は、広島に落とされた「リトルボーイ」と構造もちがい、より大きな破壊力をもつ爆弾でした。

上空約五〇〇メートルで炸裂《さくれつ》した爆弾は、目もくらむような光を発して、半径二四〇メートルの巨大《きょだい》な火の玉となりました。その玉の中心温度は一〇〇万度、表面温度も太陽を

上回る七〇〇〇度で、まさに太陽が降ってきたようなものでした。その「太陽」から、一瞬にしてすべてをなぎ倒す熱風、すべてを黒焦げにする熱線、そして恐《おそ》ろしい量の放射線が放たれたのです。

当時の長崎には、約二四万人が住んでいました。その約三分の一は死に、三分の一は重い傷を負いました。市内の三分の一の家は灰になり、一二万人が家を失ったのです。

✜ アメリカ軍のビラ

翌日、アメリカ軍の飛行機がまいていったビラを読んだ隆は思わず叫びました。

原子爆弾！

「日本国民に告ぐ」というビラにはこう書いてありました。

「アメリカ人は、今やだれにもできなかった極めて強力な爆弾を発明するに至った。今回の原子爆弾は、一個だけで、あの巨大なＢ29爆撃機二〇〇〇機が一回に運べる爆弾に匹《ひっ》敵《てき》する。我らは、今や日本本土に対してこの武器を使いはじめた。

この無益な戦争を長引かせることなく、我らは諸君がこの戦争を止めるように天皇に請《せい》願《がん》することを望む。さもなければ、我らは、この爆弾や他の優秀《ゆうしゅう》な武器を使って、戦争をすみやかに終わらせることだろう」

この時、もうだめだと思った隆の科学者魂《だましい》がふるいたちました。物理的療法科《りょうほうか》は、原子物理学に興味をもち、放射線にいちばんくわしい医学者の集まりでした。ですから、原子爆弾と知って、それがどのような破壊力と影響力《えいきょうりょく》をもっているかを想像することができました。つまり、原子力の専門家たちが、原子爆弾の被害者となったのです。自分たちの身をもって、この原子爆弾の被害を研究するのだという真理探究の本能がめざめた瞬間《しゅんかん》でした。

✣　ロザリオの鎖

隆は、爆心地《ばくしんち》と呼ばれる原爆が投下された中心地から七〇〇メートルの長崎医科大学におり、緑さんはわずか六〇〇メートルの自宅にいました。

長崎医科大学では、医学生の七割、看護婦の八割が死んでしまいました。かろうじて生き残った人々もほとんどが負傷していて、元気な人はわずか五〇人くらいだったのです。生き残った者は力つきるまで働きつづけました。

隆がわが家に帰れたのは、原爆投下から三日目の夕方です。浦上は見わたすかぎり、が

緑のロザリオは無惨にとけていた。

れきと灰の荒野《こうや》になっていました。あちらこちらで骨を焼く火が赤く燃え、しょんぼりとしゃがみこむ人影《ひとかげ》がありました。さみしさに「おーい」と声をかけると立ち上がってこちらを見るのですが、返事もせず、またぐったりとしゃがみこんでしまうのでした。

わが家の跡《あと》を見つけ、しゃがみこむと台所の茶碗《ちゃわん》のかけらのそばに緑はいました。ほんのわずかな骨と灰になって。隆が近寄って手をかけるとまだほの温かく、拾いあげると軽くぽろりとくずれました。

灰の中に、赤い玉が見えました。掘《ほ》り出してみると、それは緑が肌身《はだみ》はなさず持っていた、ロザリオでした。ロザリオは、緑の祈《いの》りのあかしだったのです。そのまだ温かいロザリオを握《にぎ》りしめ、隆は声をあげ肩をふるわせて泣きました。涙《なみだ》が次から次へと、まだ温かい緑の灰の上に流れ落ちました。

――「緑……緑……こんな姿になって……。すまなかった……、お前も子どもたちといっしょに三ツ山に行かせていたら、こんなことにはならなかった……。緑、苦労ばっかりかけても、お前はぐちひとつ言わなかった。貧しい中でも、いつも明るく働いていてくれていた。私の病気がわかった時、本当はどれだけ悲しかったのか、私にはわからなかった。お前は、最後まで私のために祈っていてくれたのか。本当は、私の骨をお前が抱いて持っていってくれるはずだったのに、緑、なぜ、なぜ、お前が先に行ってしまったのだ……」

さまざまな思いがあふれでて、むせびなく隆の脳裏を次から次へとかけめぐるのでした。隆は焼けたバケツに骨を拾い、しっかりと両腕《りょううで》に抱いてお墓に向かいました。するとバケツの中の骨がかさかさと音を立てます。それは、まるで緑が「ごめんね、ごめんね、子どもとあなたを残して、先に行ってごめんね」と言っているかのように聞こえました。隆は、郁子《いくこ》と笹乃《ささの》が眠《ねむ》る家のお墓に緑の骨を埋《う》めました。

再びわが家の焼け跡に帰ると、空は憎《にく》らしいほどに美しい夕焼けでした。灰をかき回すと、中から熱で変形した勲章《くんしょう》が出てきました。隆は、この勲章を得意になってつけて歩いていた自分を思い出し、人の名誉《めいよ》のはかなさを思うのでした。

✚ 救護班

八月十二日、緑の遺骨《いこつ》を胸に抱いた隆は、浦上を出て、誠一と茅乃のいる三ツ山に向かいました。お父さんの到着《とうちゃく》を今か今かと待っていた誠一がまず隆をみつけて突進《とっしん》してきました。あんまりうれしかったので胸がつまって声が出ません。そして家まで走って、「おばあさん、茅乃、お父さんがもどってきたぞ！」と叫びました。

三ツ山の家に入り、子どもたちと再会したときほど、親子の絆《きずな》を隆が強く感じたことはありませんでした。緑が亡くなり、母の代わりにもならねばならないと思った時に、しんの底から「これはわが子だ、私はこの子たちの親だ」と感じたのです。

三ツ山の家で、少し休んだ隆たちは、この家で救護活動をはじめます。三ツ山の木場には昔から、やけどにきくという温泉がありました。隆たちは、原爆でやけどを負った人たちの手当てにはこの温泉療法《りょうほう》がいちばん良いと考えたのです。三ツ山には、浦上から避難《ひなん》してきた負傷者が二〇〇名近くいました。ところが救護班のほうは、みなどこか負傷しており、検査用具も紙も鉛《えん》

三ツ山で。

筆《ぴっ》も持っていません。メスとピンセットと、縫合《ほうごう》のための針、消毒薬と包帯が少々あるきりでした。それでも救護班は、知恵《ちえ》をしぼり、なけなしの道具を使って、空腹と疲労《ひろう》で力つきるまで、患者のもとを訪れては治療《ちりょう》につとめたのです。

八月十五日、大学本部へ食料を探しに出かけていった医師が、まだ夕方はやくあたふたと帰ってきました。「戦争が終わったらしい、日本は無条件で降伏《こうふく》したというのです」。

「うそだ！」と隆は信じません。一人の医学生が「部長先生！」と暗い顔をして新聞を差し出しました。そこには「終戦の聖断下る《せいだんくだ》」、つまり天皇が戦争を終わらせるために、降《こう》伏《ふく》を宣言したと書かれていたのです。わっと声をあげて、隆は泣きだしました。仲間と手をとりあって子どものように泣きつづけました。はりつめていた気持ちが一気にゆるみ、何をする気力もなくなったかのようでした。

でも、しだいに隆の中で医者の魂がよみがえってきます。

「一人ひとりの貴《とうと》い命を助けることが先だ。国は負けた、だが傷ついた人たちは生きている。戦争は終わった。しかし、救護班の仕事は残っている。私たちの仕事はこれからだ。日本は、一人ひとりの命をあまりに簡単に粗末《そまつ》にあつかったから、こんなにみじめな目にあったのではないか。今、苦しんでいる人たちを助けるのは、私たちしかいないのだ」

しかし、救護班の人々もまた放射線の被害者たちでした。負傷と過労と栄養不足で、班員は次々に倒れてゆきました。隆を支えていた施《し》先生は白血病になり、婦長さんは毛が抜けてしまいました。看護していた者が倒れると、看護されていた者が起き上がって看護するといった具合でした。そんな中でも隆は、放射線医学の専門医師としての責任感から、夜遅《おそ》くまで「原子爆弾被爆《ひばく》者の報告書」を書きつづっていました。

なぜなら、原子爆弾の本当の恐ろしさが、通常の爆弾にはない大量の放射線放出による被害であることを、だれよりもよく知っていたのは隆だったからです。放射線の大量被曝《ひばく》により白血病となった隆は、もっとひどい被曝が多くの人に起こったことを実際に見て、それを治療するかたわら、その症状《しょうじょう》を克明《こくめい》に書き留めていったのです。

放射線を大量に浴びて被曝した人々は、傷ややけどが何もなくても、倒れ苦しみぬいて死んでいったのです。

✣　ルルドの水

無理を重ねて働いていた隆も、九月八日に白血病が悪化して倒れ、起き上がれなくなります。四〇度以上の熱、体全体がはれ上がり、顔はサッカーボールのようになっていました。こめかみの傷口も開いて出血が止まらなくなり、九月二十日、危《き》篤《とく》の状態になります。近くで、みんなが祈っているのがわかりました、誠一と茅乃の必死な声が聞こえた時、隆は、「死にたくない、この子たちのために生きたい」と心の中で叫びました。

その時、緑の母が「これはルルドのお水だよ」とささやき、隆のくちびるに水を注いだのです。

「あ、血が止まっている！」と久松婦長が叫びました。不思議にも、血がぴたりと止まったのです。医学ではまったく説明のできないことでした。

コルベ神父

隆の耳には「コルベ神父にとりなしを祈りなさい！」というささやきが聞こえていました。その声に隆はしたがい、「すべてを神さまにおまかせします」と祈っていたのです。その後、傷さえもゆっくりとひとりでに治っていきました。

マキシミリアノ・コルベ神父は一九三〇年から六年間、長崎にいた宣教師で、隆の患者でもありました。人々に慕《した》われていましたが、戦争がはじまる前に祖国ポーランドに呼びもどされます。ドイツに占領されたポーランドで、反キリスト教的な思想をもつナチス・ドイツに捕らえられ、恐ろしい強制収容所に入れられます。ある日、脱走《だっそう》した囚人《しゅうじん》の見せしめの罰《ばつ》として一〇人の囚人が飢餓《きが》刑（食べ物も飲み物も与えずに死なせる刑）を受けます。その時、コルベ神父はその中の一人の父親の身代わりを申し出たのです。そして牢《ろう》で、一九四一年八月十四日に亡くなります。後にコルベ神父は、聖人と呼ばれるようになりました。

また、ルルドというのは、フランスのピレネー山脈の中にある小さな村のことです。その村に住む貧しい少女ベルナデッタにイエスの母マリアが現れ、その場所に泉が湧《わ》き出ました。その泉の水が多くの病者をいやすと、世界中で有名になります。隆の口に注がれた水は、コルベ神父がこのルルドにならって長崎に自ら造った泉から取ってこられたものでした。

医者である隆は、自分に起こったことが医学の常識に当てはまらない、まさに奇跡《きせき》であったと認めています。ただそれは、自分が奇跡を受けるのにふさわしいからではなく、まだ何かするべきことのために生かされたのだとも感じていました。

日本に落とされた原爆と、ユダヤ人をはじめ何百万人もの犠牲《ぎせい》者を出したナチス・ドイツの強制収容所は、二十世紀の戦争の悪を象徴《しょうちょう》しています。その場所で生きた二人の人物、永井隆とコルベ神父がこのような不思議な絆で結ばれていたことは、私には単なる偶然《ぐうぜん》ではないように思えます。悪の力がどれほど強くても、人間の愛と自由をすべて消し去ることはできないのです。

その後、隆は回復しましたが、長期の休養が必要な身となりました。また、救護班の人々の健康も限界でした。それでこれ以上活動を続けることは無理であると判断し、十月八日、献身《けんしん》的に働きとおした第一医療隊《いりょうたい》は解散しました。原爆投下から二か月後のことでした。

第7章

再び、浦上へ

破壊された浦上天主堂

✣原子野に住む

十月の秋風が吹《ふ》くころ、隆は子どもたちに、「浦上《うらかみ》にもどろう、焼《や》け跡《あと》に住むんだ」と告げました。「どうして？　家もないのに」と誠一《まこと》が不思議に思ってたずねると、隆は言いました。「ピカドンの後は、七〇年間生き物が住めないというウわさがあってね、だれも怖《こわ》がって浦上に帰らないんだよ。でもね、お父さんはあの松山町でアリの群れが動いているのを見た。ミミズもいた。どぶネズミだって走ってたぞ。イモ畑には、芽が出ていた。生き物が住めるなら、人間だって住める。お父さんはそれを証明したいんだよ」。

親類に手伝ってもらい、力仕事ができない父の代わりに誠一はがんばって働きました。残っていた石垣《いしがき》を使い、簡単な柱にトタン板をかぶせて、二時間ほどで小さな小屋ができました。

バケツに縄《なわ》をむすんで井戸《いど》から水をくみ上げました。周りの人たちの生活も同じようなものだったので、別にそれが不自由だとは思いませんでした。

つらいこともたくさんありました。ある日誠一と茅乃《かやの》は、近所の人に「ばんぞ（長崎《ながさき》の方言で物もらいの意味）の子」と呼ばれます。「ばんぞの子、おい、イモやろか?」そんなひどい言葉に二人の目は涙《なみだ》でいっぱいです。それを直接耳にした隆も胸が張りさける思いでした。

隆は子どもたちに語りました。「いとし子よ。ごらん、下の叔父《おじ》さんが桶《おけ》に綱《つな》をつけて水をくんでいる。あの桶は、からっぽになっていちばん下まで落ちなければ、いっぱい水を入れて上へのぼってはこられないのだよ」。

隆は、後に「どん底に大地あり」という言葉を色紙に書いています。どん底に落ちたからこそ、立ち上がる資格があるのだと、すべてを失っても、希望は失わなかったのでした。

浦上天主堂の廃墟に立つ誠一と茅乃。

✢ 原爆は「天罰《てんばつ》」ではない

十一月二十一日、小屋にご近所だった市太郎《いちたろう》さんが突然あらわれました。りっぱな服を着ていますが、その顔はげっそりとやつれています。市太郎さんは、つらい戦争をどうにか生き延びて、家族のためにと必死で帰ってきたのです。それが帰ってみたら、ふるさとの浦上はなくなっていました。わが家に行けばただ灰ばかり、妻と五人の子どもの真っ黒になった骨が散らばっているだけだったのです。

「わしゃ、もう生きる楽しみはなか」

「戦争に負けてだれが楽しみをもっとりましょう」

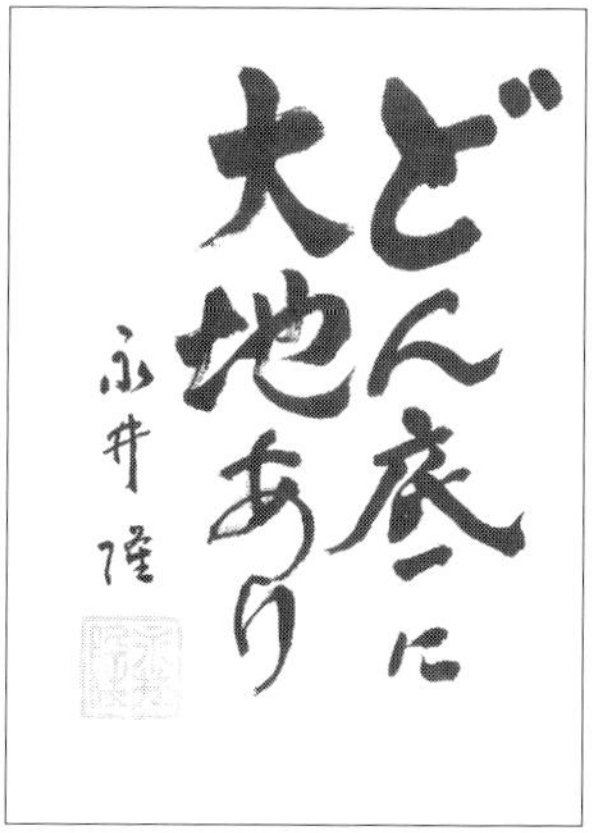

「そりゃそうばってん、だれに会うてもこう言うですたい。原子爆弾《ばくだん》は天罰《てんばつ》。殺された者は悪者だった。生き残った者は、神さまからの特別のお恵《めぐ》みをいただいたんだと。それじゃ、私の妻と子どもは悪者でしたか！」

ふりしぼるような声で言った市太郎さんの叫《さけ》びは、浦上の信徒たち全員の心の叫びでもありました。なんとひどいことを言う人がいたのでしょう。浦上の人たちは、愛する人たちを失った悲し

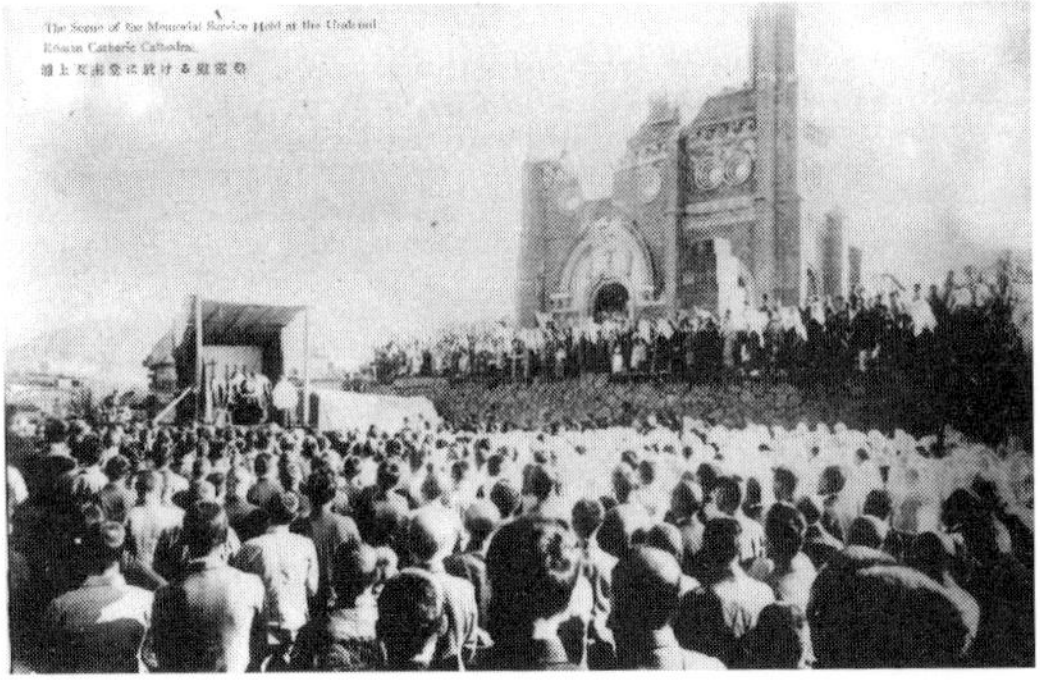

1945年11月23日、被爆死者合同慰霊祭。

みと、体の傷に加えて、こんな心の傷までかかえなければなりませんでした。

隆もずっと考えていました。なぜ、よりによってこの浦上に爆弾が落ちたのか。その意味は何なのかと。

十一月二十三日には、浦上天主堂で被爆《ひばく》し亡くなった八〇〇〇人の信徒の安息を祈《いの》る合同の葬儀《そうぎ》がありました。茅乃はお母さんの名前を記した木の十字架《じゅうじか》を持ち、誠一はお母さんの骨の入った小さなバケツを持ってその式に出ました。隆はすべての遺族を代表して弔辞《ちょうじ》（葬式《そうしき》の時のあいさつ）を読みました。周りはみなクリスチャンでしたから、はっきりとキリスト教の言葉を使って自分の気持ちを表現しました。

「原子爆弾は、本当は他の都市に予定されていました。その都市の上空は雲におおわれていたので、突然《とつぜん》予定は変更《へんこう》になり、長崎に落とすことになったのです。しかも、落とすときに雲と風のため、軍需《ぐんじゅ》工場をねらったのが少し北によって天主堂のほぼ正面に流れ落ちたのだそうです。

これは、神の『摂理《せつり》』（考え・計画）だったと考えることもできるのです。戦争が終わったことと、浦上が全滅《ぜんめつ》したことの間には実は深い関係があるのではないでしょうか。

永遠の平和に対する祈《いの》りを一日もかかさなかった浦上教会こそが、神の祭壇《さいだん》にささげられるべきふさわしい場所として選ばれたのではないでしょうか。この犠牲《ぎせい》によって世界に再び平和がもたらされ、日本の信仰《しんこう》の自由が許されたことを感謝します」

集まった信徒たちは、みな肩《かた》をふるわせて泣きました。泣きながらも、一つの大きななぐさめを感じていました。原爆《げんばく》が天罰などではないこと、いや、この「犠牲」つまり浦上が身代わりとなって、ほかのひとつの都市が救われ、他の人々の生命が救われたことを知ったからです。原爆という悲惨《ひさん》な出来事にだって意味がある、自分がその「意味」を見つけることができれば、勇気を出して生きてゆくことができると、隆は人々をはげましたのでした。

隆は、原爆が落とされたことが神の望みであったなどと言ったのではありません。原爆の悲惨さをだれよりも知りぬいていた隆にとって、原爆は人間によって作り出された絶対的な悪です。ただ、この絶対的な悪を受ける場所として、小倉《こくら》の代わりに、いや日本のほかのすべての都市の代わりに、浦上が「選ばれた」ことを「摂理」と呼んだのです。この言葉は、信仰者《しんこう》の隆がほかの信徒たちにあてて使った言葉です。もし、長崎のほかの人々に向けての言葉であれば、隆はほかの言葉を使ったでしょう。なぜなら、隆は、だれをも傷つけたくはなかったからです。

✚ 心の傷

自分の体験から隆は、原爆の被害《ひがい》にあった人々の苦しみは、体の傷だけではなく、心の傷によるものであることを知っていました。

医者として働いた隆でさえ、こう思わずにはいられなかったからです。「なぜ、自分だけが生き残ったのだ。余命三年にすぎない病人の自分が。なぜ、妻は、教え子は、あの子どもたちは、死ななければならなかったのか？」

隆はよく知っていました。原爆の後、すべてが燃える中を人がどのように逃げまどったのかを。愛する人や家族が火の中にいたのに、逃げなければ助からず、自分を責めつづけている人がいることを。なぜもっと人を助けられなかったか、自分の心は鬼《おに》ではなかったかと夜も寝られぬ思いである人々がいることを。

隆は、自分のことも責め、こう語っています。

「私は内心平和を求め、戦争の無意味さを知っており、人間が互《たが》いに殺し合う罪におののきながらも、外面は愛国者らしく威勢《いせい》を張り、軍の指導精神に妥協《だきょう》した。私は日本を負けさせたくなかった。けれどもしょせん勝ちめのない戦争だった。そこに無理が現れてきた。私は救護方法を訓練した。……これだけ訓練したから、どんな大空襲《だいくうしゅう》があっても、もう大丈夫《だいじょうぶ》、と市民に向かって保証し、郷土を守るために婦人をも浦上に止《とど》まらせた。……善良なあの人々を死地にとじこめた罪についての自責の念は、時のたつにつれて深まるばかりである」（『平和塔』）

そして自分は結局「愛国者」ではなくて「壊国者《かいこくしゃ》」だった、つまり国を愛する者ではなくて亡《ほろ》ぼす者だったのだ、と嘆《なげ》いています。ここにも、「真理」を愛する隆の姿勢が見えます。過去をふり返ることは、将来を築く上での大切な一歩なのではないでしょうか。本当の愛国者とは、国の過去を誠実にふり返り、悪いことは悪いと認めることのできる人です。国を愛するとは、無分別《むふんべつ》に自分の国を美化することではないはずです。

隆は、緑さんについても、研究だけに夢中になり家庭のことはすべて任せっぱなしだった自分を恥《は》ずかしく思っていました。そして、もっと楽な生活をさせてあげる前に、原爆で失ってしまったことを心の底から後悔《こうかい》していたのです。体だけではなくて、心も傷だらけでした。それで、こんな文章を書いたのでしょう。

1946年、緑の喪に服す隆。

「苦しみを体験したことのない人は無邪気《むじゃき》である。辛《つら》い目におうたことのない人は無遠慮《ぶえんりょ》である。心に傷のない人は鈍感《どんかん》である。自分が鈍感だから、敏感《びんかん》な人が傍《かたわ》らにいることに気がつかない。そうして無邪気に他の人の心の傷に触《さわ》る。無遠慮に他人の胸の痛みを刺激《しげき》する。それも、傷に触るとは知らず、痛みを起こすことも悟《さと》らず、天真らんまんとやっているのだから罪はない。罪はないけれども、やられた方はひどい目にあう」（『この子を残して』）

確かに、人間は経験のないことはわかりません。苦しみや痛みは経験した人にしかわかりません。神の愛を信じ、愛することの大切さを知っていた隆も、自分の心の傷を通して、他の人々の心の傷を本当に思いやることを学んでいったのです。

苦しんだことがなければ、人を真に愛することはできない。苦しみはだれでも避《さ》けたいことだけれど、でも苦しみにも意味があるにちがいない。開かれた心の傷、その小さな窓から、ゆっくり、ゆっくりと、隆の心にも光が差しこんできたのでした。

✛ クリスマスの鐘

明日は、敗戦後、初のクリスマス。浦上の子どもたちにとっていちばん待ち遠しい日でした。壊《こわ》された天主堂の、仮の聖堂の建設が進んでいました。

「あったぞ！　あったぞ！　鐘《かね》が見つかったぞ！」

青年団の人たちの歓声《かんせい》がわきおこりました。こなごなになったと思っていた教会の鐘ががれきの中から見つかったのです。泥《どろ》だらけになりながら大喜びで鐘を掘《ほ》り出しました。すり傷はついていましたが、たたいてみると以前のように澄《す》んだ音が鳴りひびきます。丸太を組み、そこにヨイッショ、ヨイッショ、ヨーイッショとジャッキで鐘をつりあげました。知らせはまたたくまに広まって、いつのまにか集まった人々は心をひとつにしていっしょにヨイッショのかけ声をかけていました。

クリスマスの午前零時《れい》、鐘はカーン、カーンと鳴りひびき、幼子イエスの誕生を告げました。以前と同じ鐘の音は、すべてを失った人々のさびしい心をゆさぶり、はげましてくれたのです。

「カーン、カーン、カーン」。澄みきった音は平和を祝福しているかのようでした。

その音を聞きながら隆は祈っていました。「鐘よ、この世界の終わりまで、平和の響《ひび》きを伝えよ。人類よ、もう決して戦争をするな。原子爆弾ができてから、戦争は人類の自殺行為《こうい》になったのだ。原子野《げんしや》（原爆により焼け野原となった地）から、浦上から私たちは叫ぶ。戦争をやめよ。ただ愛のおきてによって生きよ」。

新しき朝の光のさしそむる　荒野《こうや》に響け長崎の鐘

この時に隆が詠《よ》んだ歌です。隆の心には鐘の音が、朝の光のような希望の音に聞こえたのでした。

この鐘は今でも毎日、朝、昼、夕の三回、浦上に鳴りひびいています。

✚『長崎の鐘』

病人であるにもかかわらず隆は、仙人《せんにん》のような姿でまだ大学に出勤していました。たくさんの講義や講演もこなしていました。その上、頼《たの》まれればなんでも引き受けていたのです。学生のための劇の脚本《きゃくほん》を書いたり、生徒の劇のための絵までお得意の絵筆をとって仕上げていました。

ところが、一九四六年七月に浦上駅で倒《たお》れ、それからはほとんど起き上がれなくなります。十一月に長崎医学会で「原子病と原子医学」という題で講演したのが最後でした。白血病はひどくなり、七〇〇〇しかないはずの白血球はなんと一八万に増えていました。

隆は、三ツ山にいたころから原子爆弾の被害の報告書を書きつづけていました。原稿《げんこう》用紙一〇〇枚にびっしりと、原爆被害の状況《じょうきょう》、患者さんの症状《しょうじょう》、治療《ちりょう》の方法などがつづられていたのですが、そこへ長崎新聞の記者二人が来て、隆にこう頼みました。

1946 年長崎医学会総会で講演する永井隆。

「先生、原爆の体験記を書いてください。あの時爆心地《ばくしんち》にいて助かった人はほとんどいません。しかも、先生は原子医学を専門に勉強してきた方ではないですか。先生より適任の人はどこを探してもいないのです！　この記録を書くことには歴史的な意義があります」

そして、まくら元にどさっと原稿用紙を置いたのです。

隆も同感でした。原子爆弾のむごたらしさを、この真実を現代の人々に伝える必要がある。隆はすぐに鉛筆《えんぴつ》を握《にぎ》り、あの日の情景をありのまま、少しも飾《かざ》らずに書きつづってゆきました。目をつぶれば、あの時の情景はまだ生々しく浮《う》かんできます。体験をそのまま書くのですから、筆はすらすら進みそうなものですが、書くたびに、今は亡き人たちの面《おも》影《かげ》があらわれて胸にせまり、涙にむせんでしまいます。筆を置き、祈りをささげての執筆《しっぴつ》はなかなか進みません。

こうして書き上げられたのが、隆を有名にした著作『長崎の鐘』でした。出版までには苦労がありましたが、一九四九年に本になると、あっというまにベストセラーとなり、多くの人に感動を与《あた》えました。

✛ 日本国憲法

一九四七年五月三日は、隆にとって心躍《おど》る喜びの日になりました。新しい憲法、「日本国憲法」が発布されたのです。憲法とは、その国のいちばん大切なきまりをのべたものです。日本のすべての法律の基礎《きそ》になっているのが憲法です。ですから、他の法律とは格がちがいます。日本国憲法は、今の日本を作り上げてきた大切な精神を表しています。その精神とは、「国民主権」（国のありかたを決める権利は国民にあること）、「基本的人権の尊重」（人が生まれながらにもっている権利を大切にすること）、そして「平和主義」（戦争をしない、争いごとは武器ではなく話し合いで解決する）の三つです。ですから、この憲法を「平和憲法」とも呼ぶのです。

隆が特に喜んだのは、「日本国憲法」の第九条です。この第九条には「平和主義」について書かれています。

日本国憲法第９条

１　日本国民は、正義と秩序《ちつじょ》を基調とする国際平和を誠実に希求し、国権の発動たる戦争と、武力による威嚇又《いかくまた》は武力の行使は、国際紛争《ふんそう》を解決する手段としては、永久にこれを放棄《ほうき》する。

２　前項の目的を達するため、陸海空軍その他の戦力は、これを保持しない。国の交戦権は、これを認めない。

日本国民は、国際平和をまごころから望み、戦争と武力を国際紛争を解決する手段としては永久に放棄すること、それゆえに軍隊はもたないことが、はっきりと書かれています。

この第九条について、隆はこう書きました。

「私たちは戦争を棄《す》てた。

この取り決めは、世界でも昔から今まで、ほかにほとんどない、良い約束だった。憲法を決めたのは、敗《ま》けてからだいぶん月日がたっていたころで、私たちの心は落ち着いていた。敗けいくさのあとの、破れかぶれの気持ちや、戦争したくても武装をすっかり除かれて、手も足も出ぬからという仕方なしの気持ちや、戦争を棄てたと約束したら、外国も講和条約に少しは値引きをしてくれるだろうとのごまかしの気持ちで、一国の柱である憲法を定めたのではなかった。……ほんとうに心の底から、戦争はいやになり、悪い大騒《おおさわ》ぎと悟り、二度と再び、この恐《おそ》ろしい過ちをおかしたくないと思って、戦争を棄てたのであった。

絶対に戦争をしない、ということは、今の世界の有様から考えると、なかなかむずかしい。こちらから仕掛《しか》けないにしても、降りかかってくる火の粉は払《はら》わねばならぬ場合もあろう。そんな場合にも、果たして戦争せずに急場を抜《ぬ》けることができるかどうか？　憲法を決める前に、こんな点について、頭のよい、目のひろい人々が寄り合って、くわしく、激しく論じ合った。そのあげく、どんなことが起ころうとも、私たち日本は戦争を絶対にしないでやりとおせる自信がついたので、いよいよ決められた。そして私たち国民のみんなが、この取り決めを心から喜んだ。うれしかったね。もう戦争はせぬ。平和の空は永久に私たちの上に輝《かがや》く！」（『平和塔』）

隆の喜びは、当時の日本のすべての国民の喜びでもありました。

この憲法の精神は、今戦争に苦しむすべての国の人たちにも希望を与えています。日本のような憲法が欲しい！　と多くの国の人々が思っているのです。ですから、私たちもこの憲法の精神を学んで、守り伝えてゆきたいものです。

第8章 如己堂

✚ 如己堂《にょこどう》建設

隆は翻訳《ほんやく》などで得たわずかな収入もその大半を浦上《うらかみ》の教会、病院、学校などに寄付していました。

そんな隆への感謝の気持ちもあって、信徒たちは大工さんに相談して、隆のために家を建ててあげることにしました。隆の作ったプランで建ててもらった家は、わずか畳《たたみ》二枚の広さしかない部屋が一つだけある小さな小さな家です。

一九四八年三月に隆たち一家は、この小さな家に引っこしました。隆は、この家を「如《にょ》己堂《こどう》」と名づけました。誠一《まこと》が「原子野《げんしや》に『にょこっと』できたからにょこどうなの？」と聞くと、隆はまじめな顔になって、そのいわれを説明してくれました。

「この名前はね、『己《おのれ》の如《ごと》く人を愛せよ』（自分を愛するように、人も愛しなさい）という聖書の言葉からとったのだよ。言葉で言うのは簡単だけれど、実行すればこれほど難しいことはない。お父さんはね、誠一たちがこの言葉を生きてくれるように、一生、人を愛することを忘れないようにと願ってこの名前を選んだんだよ」

小さな家の畳の一枚に隆が寝《ね》て、残りの一枚に二人の子どもが寝ていました。

隆は花が大好きで、如己堂にはいつも美しい花が生けてありました。障子から外をながめては、季節の移り変わりを楽しみ、執筆《しっぴつ》のあいまには、ときどき絵筆をふるっていました。特に好きだったのは白いバラで、今でも如己堂を訪れるとかれんなバラの咲《さ》いているのが見られます。

如己堂に植えられた白バラ。

如己堂は、隆の住まいでも、仕事場でもありました。仕事場といっても、寝たきりの隆は座って机にむかって物を書くことはもうできません。隆の「机」はおなかの上にのせたベニヤ板、これに原稿《げんこう》用紙をのせて、右手に握《にぎ》った鉛筆《えんぴつ》で文章を書いていったのです。おなかが大きくはれているので、うっかり身動きすることもできません。隆の体は、やせて骨ばかりになっていたので、一時間もすれば体中が痛くてたまりませんでした。

そんな体でも、隆は原稿を書きつづけました。書いた原稿はさまざまな雑誌に掲載《けいさい》され、書いた本は次々にベストセラーになってゆきました。そして隆の名前は、日本中どころか世界にも知られるようになります。

どれだけ本が売れても、隆はその収入のほとんどを浦上の再建のために寄付してしまいます。それどころか、求められると無料でも原稿や絵をかいて、人々のために尽《つ》くしていました。また桜の木を買っては、浦上一帯に植え続けました。これが今「永井千本桜」と

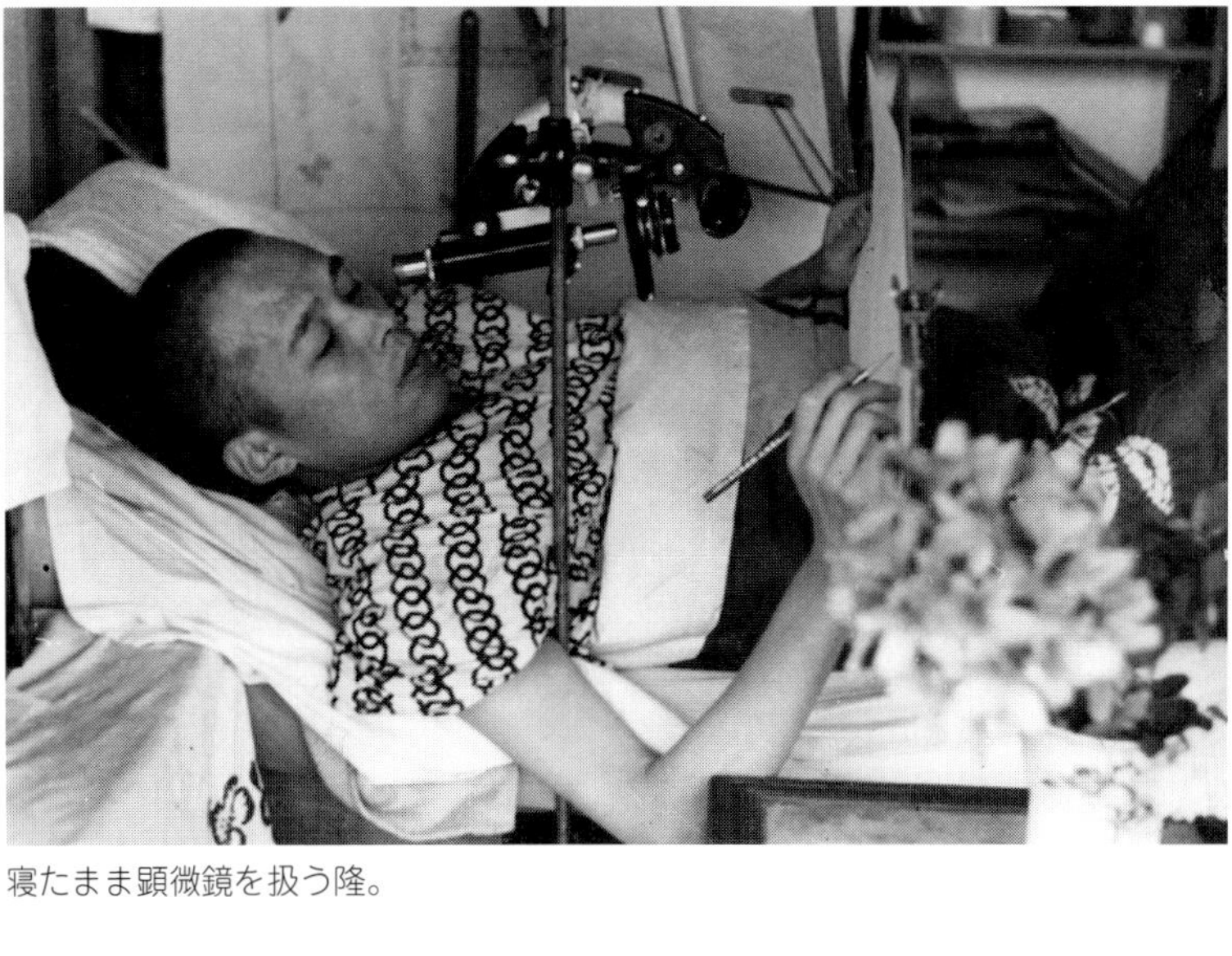

寝たまま顕微鏡を扱う隆。

呼ばれて、春には一二〇〇本の桜が美しい花を咲かせています。隆は、荒野《こうや》となった浦上を花咲く丘《おか》にして、人々の心をなぐさめようとしたのでした。

✣ 訪問者たち

たくさんの客が訪れるようになり、昼間の時間は、そのお客さんたちの接待で終わってしまうほどでした。

修学旅行の小学生までが、如己堂の前にずらりと並び、ガイドさんが「みなさん、ここが如己堂で、あそこに寝ておられるのが永井先生ですよ」と案内するくらいでした。

「私もとうとう動物園のクマになったよ」と隆は笑って友だちに語りました。

「なんて失礼なことを！」友だちが怒《おこ》ると隆は言いました。

「いや、子どもたちは喜んで帰っていったんだよ。おりの中のクマでもなんでもいいさ。喜んでいただけるなら、見世物になったっていいじゃないか」

ただ隆が困ったのは、原稿を書く暇《ひま》がないことでした。残された時間はわずかになり、いちばん欲しいのは時間だったからです。

「お見舞《みま》いにも来ませんで」とあがりこんでくる村のお年寄り、隆の本を読んで感動し著者に会いたいと遠くからやってきた人、新聞記者や編集者、修道者や司祭たち、学者や政治家、悩《なや》み事や人生の相談に来る人、ありとあらゆる人たちが如己堂を訪れました。ほほえみと独特のユーモアとで彼《かれ》らを迎《むか》える隆に、見舞いに来たはずの人たちのほうがなぐさめられ、はげまされて帰ってゆくのでした。

実際、来客の数は増える一方でした。長崎《ながさき》を視察していた昭和天皇も、隆を見舞いに訪れています。

時には、ありがたい訪問もありました。純心聖母会の創立者であるシスター江角《えすみ》ヤスは、隆と同じ島根出身で、隆と深い信頼《しんらい》関係で結ばれていました。シスターは隆の健康を気遣《きづか》い、修道院で飼っていた乳の出る母ヤギをプレゼントします。一杯のヤギの乳にどれほどの祈《いの》りと犠牲《ぎせい》がこめられているかを思って隆の心は感謝でいっぱいになりました。

一九四八年十月十九日の午後、隆はあお向けになり、痛むおなかをおへそ丸出しでさすっていたところでした。突然《とつぜん》、がやがやと人の群れが家の前に現れました。コスモスの花ごしにひょいと見ると、なんと新聞などで見知っていたヘレン・ケラーではありませんか！　隆はおへそを隠《かく》すことも忘れ、目をこすって見直すと、やっぱり三重苦の聖女と呼ばれたヘレン・ケラーです！　彼女は、アメリカから二か月前に日本に来て、日本の目や

ヘレン・ケラー

体の不自由な人に希望を与《あた》え、仕事を与えるために、各地で講演をしていました。その日の長崎での講演が終わると、浦上の原子爆弾《ばくだん》の跡《あと》で平和を祈り、隆を訪れたのでした。

体の不自由な二人は、近寄って手を差し出しあいますが、なかなか届きません。とうとう手が届いて握りあうと、隆の体に温かな愛情がどっと流れこんでくるかのようでした。ヘレンは隆に「私の心はすべて今、あなたの上に注がれています」と語りました。隆は、この一言を言うために、はるばるアメリカから来てくれたヘレンの愛に心を打たれます。そして後に誠一にこう語っています。

「ヘレンさんの深い愛は、苦しみの体験から生まれたのだよ。泣いたことのない者は、他人の涙《なみだ》をぬぐってあげることができない。苦しんだことのない者には、他人の悩みをなぐさめる力はない。暗闇《くらやみ》に迷った経験があるからこそ、人に光を与えることができるんだ。

愛の世界に生きる者は、決してひとりぼっちにはならない。

本当の平和をつくるのは、ややこしい会議や思想ではなくて、単純な愛の力だよ」

✛ 名声も批判も

隆がさまざまな人からたたえられ、総理大臣賞を与えようという案が国会に提出されると、今度は、隆に向かって批判の嵐《あらし》が吹《ふ》き荒《あ》れることになります。

まず、隆の本は代わりの人が書いているのでは、という疑いが出されました。そう思われるのも無理はなかったかもしれません。隆の書いた本は、今分厚い三冊の全集になって出版されていますが、全部合わせるとなんと三二〇〇ページもあります。みなさんも作文を書いたことがあるでしょう。一〇枚書くのも大変ですよね。これだけの分量を寝たきりの大病人が書いたというのです。当時のえらい評論家までが、これほどの本を書くのは無理な話だとコメントしたくらいです。「中身だってたいしたことはないじゃないか」とこき下ろす人も出てきました。しまいには、隆は大酒のみだの、偽善者《ぎぜんしゃ》だのと人格攻撃《こうげき》までされるしまつでした。

友人たちが、弁護をしようとすると、隆はそれを止めました。

「弁解したって、それが何になるんだ。私はただ黙々《もくもく》と書くよ。書くことだけが私にできる仕事なのだから」

一方で隆は、それらの批判を静かに受け止め、こう言っていました。

「どうしてみなさんは、私のことをとやかく言われるのでしょうか？　私が聖人でもあるかのように。私は、初めからつまらない俗人《ぞくじん》だし、そして自分のした悪事も欠点も自分で書いています」

確かに、そのとおりでした。隆が自分について書いた「彼と私」というおもしろい文を紹介《しょうかい》しましょう。

「新聞や雑誌に書かれている永井博士を私は尊敬している。あんな人になりたい！　――記事をみるたびに私はそう思う。

永井さんは二人の子供をとても可愛《かわい》がっているらしい。――しかるに私は、見舞《みまい》客から『カヤノちゃんへ』といって贈《おく》られた菓子《かし》箱のふたを少しずらして指を差入れ、中のモナカを一つかすめ、二つちょろまかし、カヤノが学校から帰って来たときには、箱の半分はからっぽになっているので、モナカを取出して紙に包みかえ『さあ、おみやげだよ』とごまかして子供に手渡《てわた》す。そしてカヤノが『お父さんもお上がり』と言って分けてくれるのを、さらに食らうのである。

新聞や雑誌の永井博士と私との間には大きな開きがある。あんな人になりたいものだ。あれは私の先生だ。同じ人生コースを数歩さきに走っている理想像だ。努力したら追いつけそうだ、ゴールは真近い。ゴールまでには彼に追いつきたいものである。追《おい》ついたって世界記録にはならないけれども……」（『花咲く丘』）

隆はうそをつかない人でした。ほめられればほめられるほど、いい気になるどころか、普通《ふつう》なら隠《かく》しておきたい自分のありのままの姿をユーモラスにえがき、人にも知ってもらおうとする人でした。本当に謙遜《けんそん》な人とは、そういう人ではないでしょうか。

科学者として真理を追究した人は、人間についても「本当のこと」を大切にする人だったのです。隆は自分を客観的に見て、笑うことができる人で、それが彼のユーモアの秘訣《ひけつ》でした。ですから、ほめられても、けなされても気にすることはありませんでした。

結局、きちんとした調査が行われ、隆の出版した本はすべて本人自身が書いていることが証明されました。そして、一九五〇年六月には、医療《いりょう》活動だけでなく、さまざまな著作で人々の教育に貢献《こうけん》したことが認められて、総理大臣賞を授与《じゅよ》されたのです。

第9章 平和を

✛『この子を残して』

隆のいちばんの気がかりは二人の子どもたちのことでした。頼《たの》みにしていた緑に先立たれ、自分の命も後わずかとなった今、誠一《まこと》と茅乃《かやの》が残されることがわかっていたからです。再婚《さいこん》の話もいくつかありましたが、隆はすべて断っていました。母の思い出をそのまま残してやりたかったからです。

子どもたちに伝えておきたいことは山ほどありました。隆は『この子を残して』や『いとし子よ』というエッセーの形で直接子どもたちに語りかけています。それは、自分がいなくなった後でも、子どもたちに、希望と勇気をなくさずに生きていく力を与《あた》えたいという必死の思いからでした。

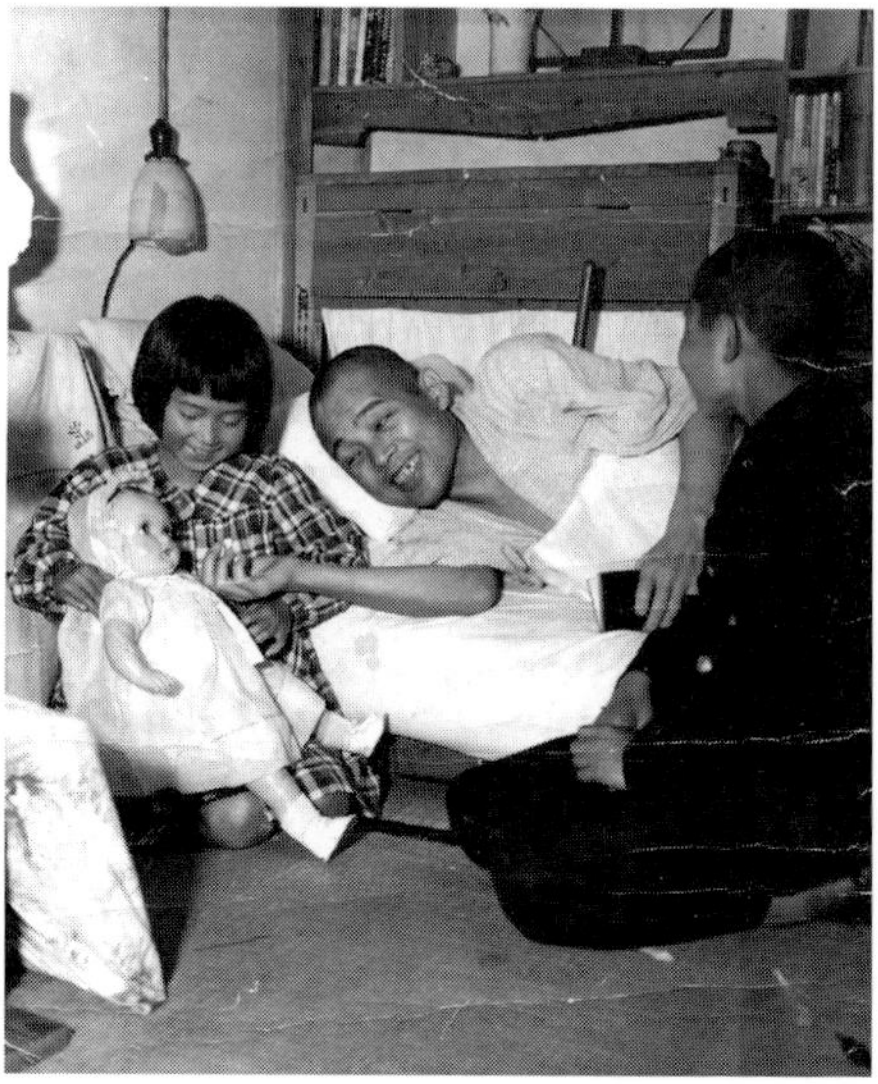

無理に無理を重ねて働いてきた隆は、心臓まで弱ってきたことを感じていました。まだ幼い子どもたちのために、あとせめて三年、なんとかしてもう二年は生きたいものだと願っても、別れの時は一刻一刻と近づいています。

「生きている。この地上に生きている。きょうの一日をこの地上に送る。これはなんというしい事実なのだろう！」という喜びは、子どもたちと一日でも長くいっしょにいたいと望む心から出たものでした。成長するにつれて、茅乃は緑にだんだんと似てきました。

するとに過ぎた日の幸せが思い出されます。子どもたちが父親までも失い、苦しむ日が来ることを思うと隆の胸は張りさけそうでした。

ある日のこと、隆がうとうとしていると、いつの間にか遊びから帰ってきた茅乃が冷たいほおをくっつけて、「ああ、……お父さんのにおい……」と言いました。

そのおさな心のいじらしさ。茅乃は本当はお父さんにすがりつきたかったのです。でも、ふくれあがった隆のおなかは、ちょっとでもショックを与えると致命的《ちめい》な状態になってしまうので、子どもたちは主治医の先生から「お父さんのそばへ寄ってはいけません！」と言われていたのでした。この時の思いを隆はこう書いています。

「わが子のにおいを久しぶりに味わった。白血病《はっけつびょう》といえば、なんだか真っ白い血が冷たく流れているような気がするが、その私の血管の中に久しぶりに熱いものが流れ始めた。私はぐっとこの子を抱きしめたくなった。親犬と子犬と遊ぶように、どこでも構わず、かみついたり、なめたり、たたき合ったり、ゆさぶったり、思い切り体と体とぶっつけ合って、時のたつのを忘れてみたい。そうしたらこの子はうれしさに息もつまり、笑いが重なって身もだえするであろう。脾臓《ひぞう》が裂けるなら裂けてもいいじゃないか。この子がほんのひと時でも私から父の愛を受けて悦《よろこ》んでくれたら……。だが、私にはそれが許されない。一月でも、一日でも、一時間でも長く生きていて、この子の孤児《こじ》となる時をさきに延ばさねばならぬ。一分でも一秒でも死期を遅《おく》らしていただいて、この子のさみしがる時間を縮めてやらねばならぬ。

私がやっぱり眠《ねむ》ったふりをしていると、カヤノは落ち着いて、ほおをくっつけている。

ほおは段々あたたかくなった。

何か人に知られたくない小さな宝物をこっそり楽しむようにカヤノは小声で、

『お父さん』

と言った。

それは、私を呼んでいるのではなく、この子の小さな胸におしこめられていた思いがかすかに漏《も》れたのであった」（『この子を残して』）

✛ 神の愛

隆が子どもたちにまず伝えたかったのは、一人ひとりの人間がどれほど貴《とうと》い存在かということでした。人間はみな、神から愛されるために生まれた特別な存在であること。宇宙をも支配する神が、一人ひとりに限りない愛と恵《めぐ》みを注いでいること。だから、どんなに苦しい境遇《きょうぐう》でも、その神の愛を忘れぬようにと隆は語りかけます。

父親として隆は、子どもがどれだけかわいいものかをよく知っていました。神が天の父であり、人間にとって親のような存在であるならば、どれほど人間をいとしいと思っていることだろうと、隆は自分の経験から思いいたったのです。それならば、幼い子どもが親

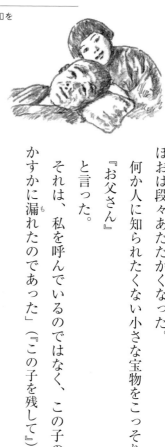

に甘《あま》えるように、神さまにも甘えればよい、その愛に信頼《しんらい》して、生きていけばよいのだと。

「誠《まこと》一をいちばん愛しているのはだれであろうか？　誠一自身であろうか？　父の私であろうか？　それとも創造者たる天主《てんしゅ》（神）であろうか？
誠一みずから己《おの》が頭の髪《かみ》の毛の数を知らず。私に至っては髪どころか、虫歯の数さえ調べておらぬ。誠一を愛していると口にも言い心にも思っている私が、その実このような不完全な愛しかもっていない。地上においてこの子をいちばん愛している私でさえ、このくらいのところ――。それに比べて、髪の毛の一本一本にまで忘れ得ぬ愛情をつないでいる天主のその愛のこまやかさ、深さ、大きさ！　まことにわが亡きあと、安心してお委《まか》せできるのは天主――天にましますわれらの父である。そして天主は改めて私どもからお任せしたりお願いするまでもなく、初めからこの子を抱《だ》いているのである」（『この子を残して』）

人間は愛されて生まれ、愛するために生きている。神が愛そのものであるなら、人間も愛することによって本当の幸福に至ることができる。それが、「如己愛人《にょこあいじん》（己のごとく人を愛せよ）」という言葉にこめた隆の子どもたちへのメッセージでもありました。

✜ うちらの本箱

隆の親としての愛は、決して自分の子どもだけにとどまりませんでした。茅乃に、お人形を送ってくださった女性へのお礼のお手紙に隆はこう書いています。「カヤノは世の中にひとりだけいるのではありません。あなたの周りには、母親のいないたくさんの『カヤノ』がおられることでしょう。ですから、どうぞあなたの近くにいる『カヤノ』にもお人形をあげてくださいね」。

二人の子どものことを思えば思うほど、その思いは原爆《げんばく》のために苦しんでいる多くの子どもたちの上に注がれてゆきました。

一九五〇年には隆は、「うちらの本箱」という小さな図書館を自分の家に作ります。原《げん》子野《しや》の子どもたちが読む本もなくて、心を養う糧《かて》に恵まれていないのを見たからです。隆は、人間は体だけではなく、心もきちんと養われなければならないと考えていました。子どもを教育し、しつけることを大切にしました。ですから、「うちらの本箱」でも、時間を守ること、本を大切にすることなどの習慣がつくようにと心を配っていました。
それで、「うちらの本箱」には、こんなユニークなおきてがありました。

うちらの本ばこ　おきて
ブタのようにおしりのよごれた子
ネコのようにあしのよごれた子
サルのようにてのよごれた子
イヌのようにわめく子
ウマのようにあばれる子
ウシのようによだれをたらす子
ヤギのようにほんをちぎる子
はいること おことわり
一九五〇年　こどもの日
浦上　永井　隆

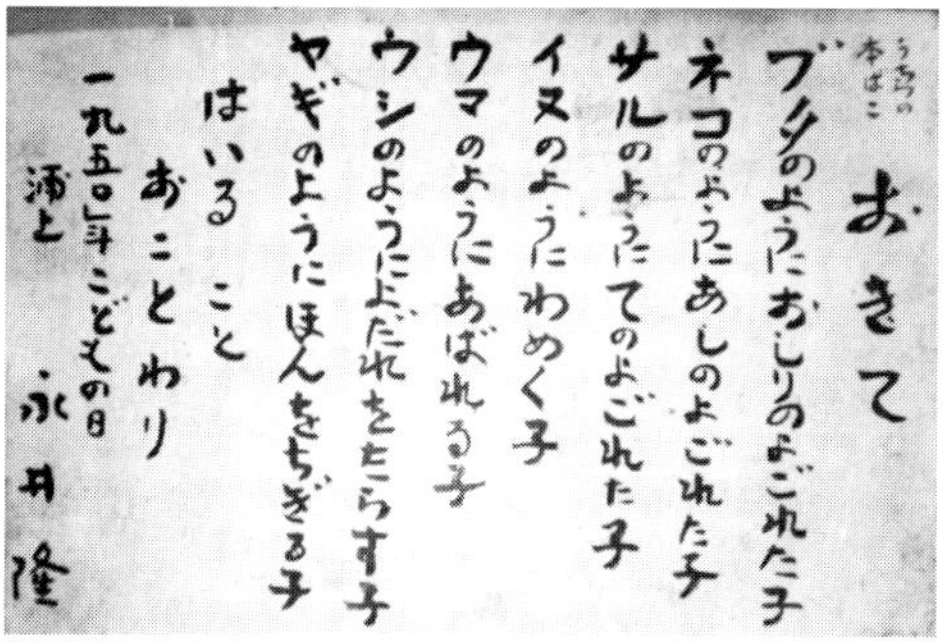

✣ 平和を

隆の切なる願いは、この子どもたちを二度と戦争にあわせないことでした。その願いを隆は、「平和を」という三文字に託《たく》します。この文字を墨《すみ》で半紙に一〇〇〇枚も書いて、人々に配ったのです。寝《ね》たきりで書くのですから、墨が顔や体にふりかかりましたが、それでも隆は書くことをやめませんでした。

隆が望んだのは、原爆がもう決して世界で使われないことです。

「原子爆弾《ばくだん》は長崎《ながさき》でおしまい！　長崎がピリオド！　平和は長崎から！　だれもがそう叫《さけ》んでいる。戦争だけはやめてください。原子爆弾のすごさを知らないから、宣伝が半分はあろうなどとなめてかかって、危ない火遊びをするのだ」（『平和塔』）

それは、あらゆる戦争を止《や》めよ、という訴《うった》えにつながってゆきます。なぜなら、科学者である隆は、これからの戦争がみな最終的には原子爆弾を武器とした戦争となることを予感したからです。

そして隆は、周りの大人や政治家たちが「やっぱり戦争を放棄《ほうき》するなどは無理だ、日本も軍隊をもつべきだ、憲法を変えなければ時代遅《おく》れだ」などと言ってきても、最後まで平和憲法を守り、戦争には絶対に反対するようにと、二人の子どもたちに教えました。

隆は、人間が自由な存在であることを大切にしていました。人間は「考える葦《あし》」だからです。弱くても、自分の頭で考えて、判断し、決断することができるのです。隆は、原爆が落ちてきたのは、宿命でも運命でもないことをよく知っていました。原爆はかってに天から落ちてきたわけではないのです。研究をした人、原爆を造った人、使えと命じた人、実際に落とした人がいたから、落ちてきたのです。ですから隆はこう呼びかけます。

「人間には、考えるための頭と愛するための心がある。人間にとって、どちらが良いのか？　核兵器《かくへいき》を使って共に亡《ほろ》びることか？　それとも、平和の内に共に生きることか？」

今、世界には、まだ約一万七〇〇〇発の核兵器があります。

その中の小さなものでも、広島や長崎に落とされた原爆の二〇倍以上の破壊《はかい》力がありま す。もっとも大きな水素《すいそ》爆弾に至っては、広島の原爆のなんと三三〇〇倍の破壊力があるということです。こんな兵器を使う戦争が起きたら、地球全体が荒《あ》れはて、人類が滅《ほろ》びてしまう可能性があるのです。

「戦争はしない」と決めた日本国憲法の精神は、古くなったどころか、未来を考える時の、新しい考え方を先取りした優れた精神であると言えるでしょう。

✣　隆からの手紙

隆には、子どもたちからたくさんの手紙が届きました。その手紙に、隆は必ず返事を書きました。時々はお得意の絵も添《そ》えてあります。

ある日、長野県にある福島小学校の六年い組の生徒たちがみんなで手紙を書いてくれました。子どもの好きな隆は、にこにこしながら一つ一つの手紙を読んだことでしょう。そして、返事を書きました。

「六年い組のみなさまからお手紙をどっさり頂いてよろこびました。私たち三人の父子は幸福に暮らしておりますから、よろこんで下さい。

人間どうしは相愛し合ってゆきさえすれば幸福になれます。

たとえどんなに貧しくても愛し愛されていることをはっきり知っているなら全く幸福です。人間どうしは相憎《にく》み相争ってゆきますと、いくら自分の欲求が通っても心が落ち着かずいつまでも不安です。

世界がいま二つに分《わか》れているとよく云《い》われます。争いによって公平な分配をしようとするか、愛によって公平な分配をしようとするか——相手をみたらすぐ目を怒《いか》らし議論をするか、相手をみたらすぐにっこりしていたわるか——。

この二つのやり方のどちらをあなた方は好きますか？

きっと愛の組でしょうね。なぜならこうしてやさしい手紙を私たち南の港のものに書いて下さったのですもの。『お互《たが》いに愛しあいなさい』とは神のさだめた規則です。

どうか、あなたの町で、愛の天使として貧しい人、かなしんでいる人、困っている人、病気している人、旅の人、さみしがっている子に小《ちい》さい愛の言葉をかけるよう努めて下さい。

一九四九年二月二十八日　長崎市上野町37番　永井隆

福島小学校のみなさま」

この手紙には、子どもたちへの隆の思いがあふれています。

福島小学校の「福島」という地名が、私には偶然《ぐうぜん》には思えませんでした。なぜなら、今もし隆が生きていたら、必ず原発事故の起きた福島県の子どもたちのことを思ったはずだからです。隆は、放射線医学の専門家でした。ですから、自分でも放射能《ほうしゃのう》の値を調べ、人体への影響《えいきょう》、特に子どもたちの健康への影響について考えぬいたと思います。

長崎の原爆の後には、人がすぐ原子野に住むことができました。でも福島では、まだふるさとにもどれない人がいます。放射能の汚染《おせん》はまだ続いていて、原発の問題は解決されていません。仮にそれが解決されたとしても、原発で働く人の被曝《ひばく》の問題があり、原発で出た放射性物質のゴミは、ほぼ永久に残ってゆくのです。科学者であり、医者であり、いつも真理を探究していた隆は、この問題に無関心ではいられなかったはずです。

隆が「福島」の子どもたちへのお手紙を出したなら、こんなことを書いたのではないかと想像できます。

「原子力発電所は、福島でおしまい！　福島でピリオド！　こんなに、地震《じしん》や災害の多い日本に原発はもういりません！

東日本大震災《だいしんさい》の後、原発がひとつも動いていなくても電気は足りていましたよね。人の健康と命、そして自然はお金では買えないのですから。みんなが知恵《ちえ》を出して考えれば、必ずできるはずです。

この二つのどちらがあなたは好きですか。放射能で住めない土地ばかりになり、たくさんの人が苦しむことですか？　それとも、みんなが、自然と仲良くして平和に生きることですか？」

✣『乙女峠――津和野《つわの》の殉教者《じゅんきょうしゃ》物語』

一九五一年になると隆の体は見るからに弱ってゆきました。それでも、原稿《げんこう》を書くことはやめませんでした。

三月になると容態はさらに悪くなりました。全身がむくんで、おなかはパンパンにはれ、顔色も日ごとに悪くなってゆきました。

四月に少し体の調子がよくなった時、隆は「甚三郎《じんざぶろう》さんのことを書いておきたい」と友人の片岡弥吉《やきち》さんに告げます。

守山《もりやま》甚三郎さんは、隆に洗礼を授けてくれた守山神父のお父さんでした。甚三郎は、明治になってからのキリシタンへの迫害《はくがい》で、三四一四人の村人たちとともに、島根県の津和《つわ》

「乙女峠の聖母とその殉教者」記念碑

野《の》に島流しになります。厳しい取り調べやひどい拷問《ごうもん》を受けても、クリスチャンとしての信仰《しんこう》を守りとおした人です。素朴《そぼく》な農夫でしたが、役人を前にしても一歩もゆずらない勇気と威厳《いげん》をもった人でした。

六四六人が「旅」と呼ばれる過酷《かこく》な牢《ろう》生活の間に死にました。この非人間的な事件は、世界で知られるようになり、明治政府は非難の嵐《あらし》にさらされます。ついに政府は一八七三年に、キリスト教の禁止をやめて、浦上《うらかみ》の信者たちは故郷へともどることができたのです。

今、私たちが当然の権利と思っている宗教の自由は、浦上の農民たちの苦しみと信仰によって、ようやく人々に与えられたものです。隆が書き残した『乙女峠《おとめとうげ》』という本には、子どもたちの殉教《じゅんきょう》の様子が感動的にえがかれています。子どもたちが二度とこのような苦しみにあわないようにと願い祈《いの》りながら書いたことでしょう。この子どもたちの信仰を思いながら、最期の時を迎《むか》える準備をしていったのかもしれません。

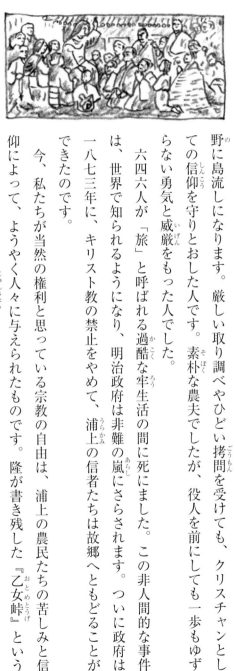

✢ 長崎大学病院へ

『乙女峠』を書き上げた三日後、右肩《かた》に内出血があり、右手はまったく使えなくなりました。ついに書くことすらできなくなったのです。

そして、右の太ももに大きな内出血がおこります。それまで「痛い」とか「苦しい」とか言ったことのなかった隆の口から「痛い」という叫びがもれました。

五月一日の朝、隆はなつかしい如己堂《にょこどう》から、戸板《といた》で作った担架《たんか》にのせられて、長崎大学付属病院に運ばれました。その時も「私の体も身動きができないところは、缶詰《かんづめ》のイワシのようですばい。しかし、口だけは達者なもんです」と、人々を笑わせていました。

病院に入ると、「病院のにおいがする、ここは昔の職場ですね」となつかしそうでした。そこには、隆と共に働いた前田婦長と、久松婦長が待っていました。ふと目をあけた隆が「前田婦長さん！」というと、婦長さんは、「先生」と言ったきり、胸がいっぱいになり、涙《なみだ》をぬぐおうとハンカチを取りだしました。すかさず隆は「婦長さんも、お品ができて皇后様のごたるですたい」とおどけます。「まあ、先生ったら、いつでも冗談《じょうだん》ばっかりおっしゃって」と婦長さんは泣く代わりに笑ってしまったのでした。

隆は、夕の祈りを唱え、祈りを唱えながら眠《ねむ》りにつきました。容態が案外よかったので、家族たちはいったん家に引き上げ、残ったのは、息子の誠一と親戚《しんせき》の歌子さんだけでした。

✚ 祈ってください

午後九時四十分ごろ、隆は「神父様を呼んでください」と頼《たの》みます。「ルルドの水です」と、歌子さんが一滴《いってき》くちにたらした水を、うなずいてのどに通すとそのまま意識不明になりました。その一〇分後、再び意識をとりもどし、叫ぶように祈りました。

「イエス、マリア、ヨセフ、わが魂《たましい》をみ手にまかせたてまつる」

誠一がわたした十字架《じゅうじか》を左手に受け取り、「祈ってください」と叫ぶと、そのまま息をひきとりました。

その顔には、静かなほほえみが浮《う》かんでいました。

五月は隆の好きなバラの季節、カトリックではマリアの月でもありました。

白バラの花よりかおりたつごとく　この身を離《はな》れのぼりゆくらむ

これは、自分がこの世から旅立つ時にと、隆が用意していた辞世《じせい》の句です。大好きな白バラの香《かお》りが天にのぼってゆくように、自分の魂も天に帰ってゆく。そんな思いがこめられています。

隆は死を恐《おそ》れてはいませんでした。「死は神さまからの天国への招待状だよ」と言っていました。隆は、神をどんな親よりも優しく良い方、愛そのものである方だと思っていたからです。天国に行くことは、今まで亡くなった多くの親しい人々に再会し、永遠の幸福に入ることでした。まるで故郷に帰るように、神さまのもとへ帰ること、それが死で、死の後には、幸福に満ちた新しい永遠の生命が生まれると信じていたのです。

✣葬儀とお墓

遺体《いたい》は、本人が希望していたように、白血病の研究のため解剖《かいぼう》に回されました。担当した医師の発表では、隆の脾臓《ひぞう》は普通の人の三四・五倍、肝臓《かんぞう》が五倍、おなかには三リットルもの水がたまっていました。余命三年と言われていたのに、その上、原爆にあっても六年間生きられたことは不思議というほか

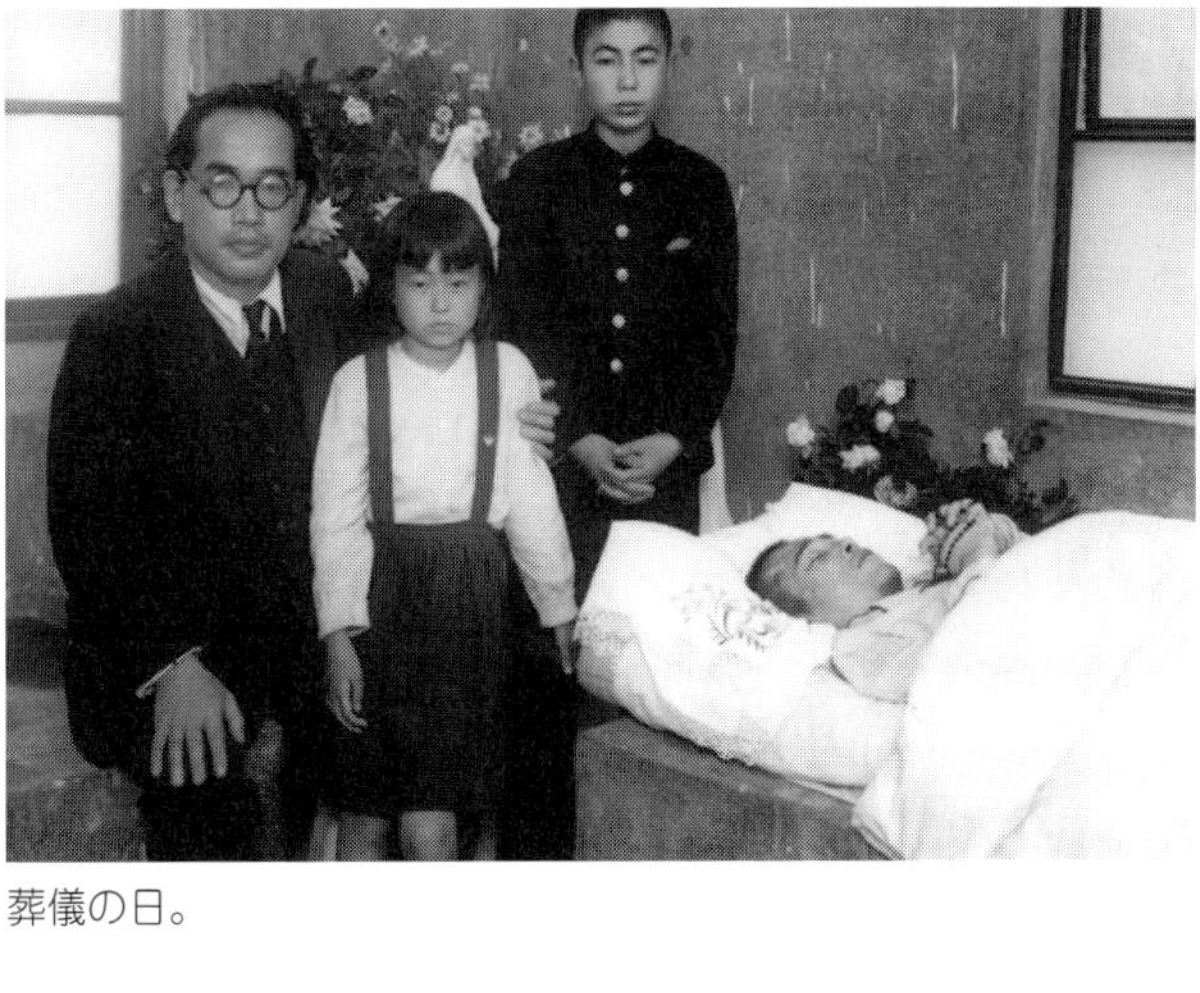
葬儀の日。

ありません。

五月三日、浦上教会で行われた葬儀《そうぎ》には、約二万人の市民が参加して祈りをささげました。式の終わりには、長崎中の鐘《かね》が鳴りひびき、長崎港からは汽笛が鳴り、隆への別れを告げました。

隆のお墓は、長崎市坂本町の坂本国際墓地入り口のすぐ脇《わき》にあります。

「パウロ永井隆」「マリナ永井緑」と刻まれて地面に並んだお墓には墓石は立っていません。隆は生前、誠一さんにこう言っていました。

「私の墓に来てくださるかたがあるかもしれない、そのとき、石碑《せきひ》を見上げていただいては気の毒だ。私は見上げられるようなことは何もしていないのだから。むしろ、永井隆とはこういう人物かと見下ろしてもらうために、下に自分の名を置くよ」

お墓には二枚の石碑があり、一枚には「われらは無益のしもべなり、なすべきことをなしたるのみ」（「わたしどもは取るに足りない僕《しもべ》です。しなければならないことをしただけです」ルカによる福音書17章10節）。もう一枚には、「われは主のつかいめなり、おうせの如《ごと》くわれになれかし」（「わたしは主のはしためです。お言葉どおり、この身に成りますように」ルカによる福音書１章38節）という聖書の言葉が刻まれています。

すべてを尽《つ》くして人のために生き、けっして自分を誇《ほこ》ることのなかった、隆と緑の思いと生き方にふさわしい言葉でしょう。

如己堂の隣接地に建てられた長崎市永井隆記念館。
現在も、２階に「うちらの本箱」がある。

✚ 一粒の麦

隆の死後も、その思いはたくさんの人々の心で生きつづけました。

一九六九年には、「うちらの本箱」の場所に記念館ができました。「長崎市永井隆記念館」には、隆の写真、パネルや隆の持ち物、緑のロザリオなどが展示されています。ビデオを見て、隆の生涯《しょうがい》やメッセージをより身近に感じることができます。みなさんも長崎に行くときには、ぜひここを訪れてください。

また、一九七〇年には、隆が幼少期を過ごした島根県三刀屋《みとや》町にも「永井隆記念館」が開館されました。

一九八六年には、隆の精神を大切にし、人類の平和を願う「長崎如己《にょこ》の会」が設立されました。三刀屋にも「三刀屋如己の会」

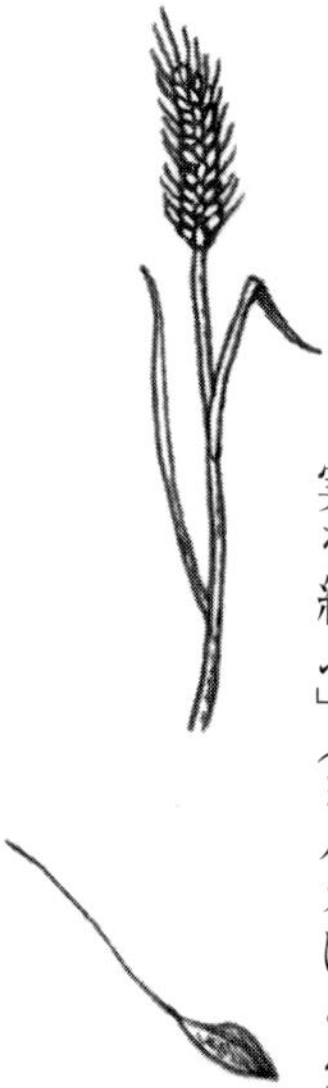

ができました。おとなりの国、韓国《かんこく》にも二〇〇四年に「韓国如己の会」ができてたくさんの会員がいます。今、いちばん活発に活動しているのは、この韓国如己の会かもしれません。隆の精神を今に伝えるために、「如己愛人賞」を作り、隆に関する本の感想文を募集《ぼしゅう》して、表彰《ひょうしょう》式を韓国と長崎の両方で行っています。韓国から長崎を訪れる人も増えつづけています。隆の「如己愛人《にょこあいじん》」の精神が、憎《にく》しみで彩《いろど》られてきた歴史を持つ二つの国の和解の橋渡《はしわた》しとなっていることは、本当にうれしいことです。

また隆の本は、韓国語の他にも、英語、イタリア語、フランス語、スペイン語、ポルトガル語、中国語など世界各国の言葉に翻訳《ほんやく》されました。そして今でも、隆についての新しい本が次々に出版されています。

隆の本を読み、彼《かれ》のことを知れば知るほど、ほかの人にも隆のことを知らせたくなる。永井隆という人物には、国境や民族を超える不思議な魅力《みりょく》があるのです。

彼の人生は、聖書の中の言葉を思わせます。

「一粒《ひとつぶ》の麦は、地に落ちて死ななければ、一粒のままである。だが、死ねば、多くの実を結ぶ」（ヨハネによる福音書12章24節）

もう一度、読者のみなさんへ

さて、読者のみなさんにもう一度、隆のかいたあの絵をお見せする時が来ました。この絵に何が足りなかったか、もうわかりますよね！

そう、しっぽが足りなかったのです。

この絵を茅《かや》乃《の》にあげたら「これ、ナーニ?」と言われてしまいます。「よしっ!」としっぽをかきたすとようやくブタとわかって、茅乃は喜びました。

この絵に隆は「しっぽもひと役」と書きます。しっぽのようなむだに見えるものも、ちゃんと役に立っている。しっぽがなければ、ブタはブタに見えないからです。

幼い時、隆はビリでした。学校でもビリ、かけっこでもビリ。兵隊になった時もビリからはじめました。医者になったときに入った科も、内科や外科からバカにされたビリの物理的療法科《りょうほうか》でした。

最後に寝《ね》たきりの病人になった時、隆はまたビリになったなあ、と思ったのです。「しっぽ」は、ビリにもどった自分のことでした。

でも、その「しっぽ」にだって何かの役目があることに、隆は気づいていました。

この世で何の用もないものが生かされているはずがない。どんな病人でも、何かこの世において働くことができるから、生かされている。寝たきりになっても、手があれば書くことができる。書くことができなくなっても、耳があれば話を聞くことができる。人をなぐさめることもできる。そして本当に何もできなくなっても祈《いの》ることができる。命の最後の瞬間《しゅんかん》まで。

神のまなざしのもと、むだな人生はない。一人ひとりのかけがえのない人生には必ず意味がある。果たすべき使命がある。人生には、むだなものは何一つない。

これが、この絵にこめた隆のメッセージでした。「牛」の「隆盛《たかもり》」君の声が聞こえてくるようです。

「無理をしないで、ゆっくりゆっくり、しかも絶えずたゆまず、やさしいことから始めて、むずかしいことに進むんだ。大丈夫だよ。僕《ぼく》だってビリだったんだから」

「如己堂《にょこどう》のガンジー」とか「浦上《うらかみ》の聖者」と呼ばれてもてはやされても、自分がいかに弱く、小さな者であるかを最後までいちばんよく知っていたのは、隆自身でした。

生涯《しょうがい》の終わりに、隆はこう語りました。

「さまざまな出来事にあわされたが、それはみな私の心をすなおにするためだったらしい。見渡《みわた》せば、この世はこんなにも美しい。この世に生まれたことを私はしみじみと喜ぶ」

一生を通して隆は、愛することをゆっくり、ゆっくりと学んでゆきました。

自分のことを聖人などとは思いもよらず「聖人君子」ではなかった隆のような人こそ、私は本当の「聖人」ではなかったかと思っています。

「永井隆記念館」には、隆の輝《かがや》くような笑顔の写真が何枚もあります。その笑顔は、「真理」を、「亡《ほろ》びぬもの」を探し求め、神と人を愛することに命を使いつくした人生の輝きを伝えてくれています。

世界の「Takashi Nagai」へ

如己堂《にょこどう》の永井隆は今再び、世界の「Takashi Nagai」になりつつあります。というのも、永井博士の著作を読み、隆と緑の生き方に深く心打たれたイタリア人のグループが、「Amici di Takashi e Midori Nagai」(「永井隆と緑友の会」https://www.amicinagai.com)を発足させ、今、積極的に隆のメッセージを世界中に発信し、列聖*に向けた運動も展開しているからです。イタリアでの展示会には、多くの若者を含む二万人が訪れ、永井隆のメッセージに心を動かされています。また、二〇二二年には、ニューヨークでシンポジウムが行われ、友の会の会長ディ・コミテと、映画監督のヒギンズ、バージニア大学史学科のディール教授などが、永井隆のメッセージをめぐって熱く語り合いました。翻訳も急ピッチで進み、イタリア語には、すでに『如己堂随筆』、『亡びぬものを』、『この子を残して』が翻訳され、他の主要著書も随時翻訳される予定です。また私のこの本もフランス語に翻訳され、二〇二三年中には出版される運びとなりました。

折りしも、今ウクライナでの銃声はやまず、ロシアは核兵器の使用をほのめかす事態となりました。世界はまるで二十世紀の冷戦時代のような深刻な危機を経験しています。核兵器使用の可能性が現実となった今、世界中が平和を希求し、連帯しつつ祈りを捧げています。

核兵器を使うということが何を意味するのかについて、永井隆ほど真実を伝えることのできる人は世界に存在しません。彼の生き方とメッセージが、世界中の人々、特に未来を生きる若い人々の心に響いてゆくことを願っています。

＊列聖　カトリック教会において、調査の上、聖人と宣言されること。

永井 隆 年譜

1908年 2月3日、島根県松江市に生まれる
1920年 松江中学校入学
1925年 松江高等学校理科乙類に入学。医学部に進むことを決意
1928年 長崎医科大学（現・長崎大学医学部）に入学
1930年 母・ツネ死去
1932年 大学を卒業し、物理的療法科の医師になる
1933年 召集令状により、軍医となり、満州事変に従軍（～1934年）
1934年 長崎医科大学に復職
6月、浦上教会で洗礼を受ける
8月、森山緑と結婚

1935年 長男・誠一《まこと》、誕生
1937年 7月、召集令状により、衛生隊医長として中国で従軍（〜1940年2月）
1939年 父・寛《のぶる》、病死
1941年 次女・茅乃、誕生（長女と三女は病死）
1944年 医学博士の学位を受ける
1945年 6月、白血病と診断される
8月9日、長崎医科大学にて被爆
8月15日、敗戦
三ツ山にて救護活動を行う（〜10月8日）
1948年 「如己堂」に移り住む。『この子を残して』刊行
1949年 『長崎の鐘』刊行
長崎名誉市民の称号を贈られる
1950年 総理大臣賞を受賞
1951年 5月1日、死去。43歳

読書案内

永井隆の書いた本が読みたくなったら……

『長崎の鐘』『いとし子よ』『亡びぬものを』『ロザリオの鎖』『平和塔』など（すべてサンパウロ、アルバ文庫）

永井隆についてもっと知りたくなったら……

片岡弥吉『永井隆の生涯』、サンパウロ、一九六一年
パウロ・グリン『長崎の歌』、マリスト会、一九八九年
永井誠一『永井隆』、サンパウロ、二〇〇〇年
片山はるひ「永井隆の人生と著作に学ぶ――信徒の霊性」、光延一郎編『今、日本でカトリックであることとは？』、サンパウロ、二〇〇九年所収
山田幸子『永井隆』シリーズ福祉に生きる61、大空社、二〇一一年

永井隆の映画

「長崎の鐘」（一九五〇年、監督・大庭秀雄）、「この子を残して」（一九八三年、監督・木下惠介）、「All That Remains（亡びぬものを）」イギリス映画、二〇一五年

写真提供　長崎市永井隆記念館
長崎原爆資料館（21ページ、63ページ）
カトリック浦上教会（80ページ）

片山はるひ（かたやま はるひ）

1959年東京都生まれ。上智大学フランス文学科卒業、同大学院博士課程修了。フランス・プロヴァンス大学にて文学博士号を取得。上智大学文学部教授を経て、現在、上智大学神学部教授（専攻・キリスト教文学、キリスト教の霊性）。ノートルダム・ド・ヴィ会員。
著書 『フランス文学の中の聖人像』（共著、国書刊行会、1998年）、『今、日本でカトリックであることとは？』（共著、サンパウロ、2009年）、『現代に活きるキリスト教教育』（共著、ドン・ボスコ社、2009年）、『危機と霊性』（共著、日本キリスト教団出版局、2011年）、『いのちの力』（共編著、キリスト新聞社、2021年）他。

ひかりをかかげて

永井 隆

原爆の荒野から世界に「平和を」

2015年3月10日　初版発行
2022年4月20日　3版発行

著者　片山はるひ

発行　日本キリスト教団出版局
〒169-0051
東京都新宿区西早稲田2-3-18-41
電話・営業03（3204）0422
　　　編集03（3204）0424
https://bp-uccj.jp

印刷　文唱堂印刷

ISBN978-4-8184-0910-1　日キ販
Printed in Japan